Giordano Bruno zur Einführung

Anne Eusterschulte

Giordano Bruno zur Einführung

JUNIUS

Junius Verlag GmbH
Stresemannstraße 375
22761 Hamburg

Umschlaggestaltung: Florian Zietz
Titelfoto: Archiv für Kunst und Geschichte, Berlin
Satz: Druckhaus Dresden GmbH
Druck: Druckhaus Dresden GmbH
Printed in Germany 1997
ISBN 3-88506-945-8
1. Auflage April 1997

Die Deutsche Bibliothek – CIP-Einheitsaufnahme

Eusterschulte, Anne:
Giordano Bruno zur Einführung / Anne Eusterschulte. – 1. Aufl. –
Hamburg : Junius, 1997
(Zur Einführung ; 145)
ISBN 3-88506-945-8
NE : GT

Inhalt

Anhang

Einleitung

»Giordano Bruno, der Mann aus Nola, den die römischen Inquisitionsbehörden im Jahre 1600 auf dem Scheiterhaufen wegen Ketzerei verbrennen ließen, gilt allgemein als großer Mann, nicht nur wegen seiner kühnen und seitdem als wahr erwiesenen Hypothesen über die Bewegungen der Gestirne, sondern auch wegen seiner mutigen Haltung gegenüber der Inquisition, der er sagte: ›Ihr verkündet das Urteil gegen mich mit vielleicht viel größerer Furcht, als ich es entgegennehme.‹ Wenn man seine Schriften liest und dazu noch einen Blick in die Berichte von seinem öffentlichen Auftreten wirft, so fehlt einem tatsächlich nichts dazu, ihn einen großen Mann zu nennen.«[1]

Diese Worte Bertolt Brechts im *Mantel des Ketzers* dürfen allerdings nicht darüber hinwegtäuschen, daß Giordano Bruno, dem neben seinem berühmten Zeitgenossen Galilei Galileo lange Zeit eine eher randständige Bedeutung beigemessen wurde, was den wissenschaftlich-philosophischen Rang und die Wirkung seines umfangreichen Werkes angeht, keineswegs allgemein solche Anerkennung gefunden hat, sondern vielmehr von seinen Lebzeiten (1548-1600) bis weit in die Moderne umstritten war.

Nicht unwesentlich ist hierbei die Einflußnahme der katholischen Kirche, standen doch Brunos Schriften von 1603 bis in das Jahr 1965 auf dem *Index librorum prohibitorum*, der Liste kirchlicherseits verbotener Bücher. So nimmt es nicht wunder, wenn Papst Leo XIII. in einem Sendschreiben an die gläubige

Welt 1889 anläßlich der Enthüllung eines Brunostandbildes auf dem römischen Campo dei fiori, dem Ort der öffentlichen Hinrichtung Brunos im Februar 1600 – vermutlich gleichermaßen provoziert durch die Wahl des Standortes wie die in der Gestaltung des Denkmals unübersehbare Kritik an der Inquisitionspraxis – ganz andere Töne anschlägt:

»Er [Bruno] hat weder irgendwelche wissenschaftlichen Leistungen aufzuweisen noch hat er sich irgendwelche Verdienste um die Förderung des öffentlichen Lebens erworben. Seine Handlungsweise war unaufrichtig, verlogen und vollkommen selbstsüchtig, intolerant gegen jede gegenteilige Meinung, ausgesprochen bösartig und voll von einer die Wahrheit verzerrenden Lobhudelei.«[2]

Giordano Bruno ist in seinem ereignisreichen Leben immer wieder in das Ränkespiel verfeindeter Lager geraten, sei es über die Meinungs- und Interessenkonflikte zwischen den Anhängern verschiedener Lehrtraditionen, sei es im Zuge der konfessionellen Kriege, der Ächtungen und Verfolgungen im Zeitalter der Gegenreformation. Sicherlich haben seine Unnachgiebigkeit hinsichtlich philosophischer Positionen sowie seine nonkonformistische Haltung, ein bisweilen respektloses, keine persönlichen Risiken scheuendes Aufbegehren gegen anerkannte Schuloberhäupter (etwa sein vehementer Antiklerikalismus und seine antischolastische Position, die selbst vor harter Kritik an der Lehre *des Philosophen*, gemeint ist Aristoteles, nicht haltmachten) ihm nicht gerade allseits Beliebtheit eingebracht.

So ist der bewegte Lebensweg dieses unbequemen Philosophen durch eine Vielzahl von Stationen in ganz Europa markiert. Aufgewachsen in Nola, nimmt er, nachdem ihn seine Eltern ins nahe Neapel zur Ausbildung geschickt haben, dort 1562 zunächst ein humanistisches Studium (Logik, Dialektik) auf, tritt siebzehnjährig in den Dominikanerorden ein, erhält 1572 die Priesterweihe und studiert Theologie. Aufgrund tiefgreifender Konflikte mit der Klosterleitung, die vor allem an Brunos Ablehnung christlicher Heiligen- und Marienverehrung bzw. an seiner Kritik an Grundsätzen katholischer Glaubenslehre (Trinitätsbegriff, Transsubstantiationslehre) entflammen und sich in einer 130 Anklagepunkte umfassenden Schrift mit dem Vorwurf der Häresie niederschlagen, wechselt Bruno zum Hauptsitz des Dominikanerordens nach Rom. Bereits 1576, nachdem sich die Ketzereivorwürfe gegen ihn erhärtet haben, bricht er endgültig mit dem Orden und nimmt eine philosophische Wanderexistenz auf.

So reist er zunächst in Italien über Noli, Savona, Turin, Venedig, Padua nach Bergamo, überquert die Grenze nach Frankreich in Richtung Lyon, schlägt dann den Weg nach Genf ein, wo er 1578 eintrifft, begleitet von der Hoffnung, hier auf ein toleranteres geistiges Klima zu treffen, das ihm den nötigen Freiraum für seine philosophische Arbeit gewähren würde.[3] Im Mai 1579 immatrikuliert er sich in Genf, der Hochburg des Calvinismus, an der erst zwei Jahrzehnte zuvor gegründeten Universität, ist aber bereits gegen Ende desselben Jahres verstrickt in Querelen mit der universitären Gelehrtenzunft. Um nach einer mehrtägigen Inhaftierung, die er in Reaktion auf die Publikation einer seiner antiaristotelischen Schriften bzw. die vermeintliche Kompromittierung eines Genfer Universitätslehrers zu verbüßen hat, nicht gänzlich in die Fänge der calvinistischen Inquisitionsbehörden zu geraten, sieht er sich gezwungen weiterzuziehen. Immer wieder ist es Brunos rigorose argumentative Auseinandersetzung mit tradierten Lehrmeinungen, insonderheit seine unverblümte Kritik am Aristotelismus, die ihn mit reformierten wie katholischen Kreisen in bedrohlich zugespitzte Situationen bringt.

Über Lyon erreicht Bruno 1579 Toulouse, hält dort Vorlesungen über Astronomie und Philosophie und hat kurzzeitig einen Lehrstuhl für Philosophie inne.

»Nachdem ich dort die Bekanntschaft intelligenter Leute gemacht hatte, wurde ich von ihnen eingeladen, vor einem Zuhörerkreise über die Sphäre [Astronomie] zu lesen; ich hielt diese Vorlesung, außerdem andere Vorlesungen über Philosophie, sechs Monate lang, und da inzwischen der Lehrstuhl des ordentlichen Professors der Philosophie in jener Stadt vakant geworden war und zum Wettbewerb ausgeschrieben wurde, ließ ich mich zum Magister artium machen und wurde als Mitbewerber zugelassen und gewählt und erläuterte seitdem in jener Stadt zwei Jahre lang den Text des Aristoteles ›De anima‹ und hielt andere Vorlesungen über Philosophie [...]. Doch infolge des Bürgerkrieges verließ ich Toulouse und ging nach Paris, wo ich, um mich bekannt zu machen und eine Lehrprobe zu geben, eine außerplanmäßige Vorlesung ankündigte und dreißig Vorträge hielt; zum Gegenstande wählte ich die dreißig göttlichen Attribute, den ersten Teil des heiligen Thomas.«[4]

In Paris, wo sich Bruno seit 1581 aufhält, macht er sich bald einen Namen, nicht zuletzt durch sein außerordentliches Gedächtnis, wird 1582 zu einer Audienz bei König Heinrich III. geladen und erhält, nachdem er eine ihm angetragene ordentliche Professur aufgrund der damit verbundenen Verpflichtung zum Meßgang hat ausschlagen müssen, schließlich eine außerordentliche Professur in Cambrai.

1583 geht er wieder auf Reisen, setzt nach England über, wo er sich, unterstützt durch ein Empfehlungsschreiben des französischen Königs, an den in London amtierenden Botschafter Frankreichs, Michel de Castelnau, wendet und sich um einen Lehrstuhl an der Oxforder Universität bemüht. Diese Hoffnungen zerschlagen sich vor Ort jedoch, denn Brunos im Kreise der Oxforder Gelehrten gehaltene Vorlesungen verursachen bald einen Eklat.[5] Statt dessen beginnt Bruno, der als Privatgelehrter im Hause des französischen Diplomaten in London Quartier bezogen hat, mit der Publikation seiner sechs italienischen Dialoge und erlebt im elisabethanischen London damit eine fruchtbare Schaffensphase.

Zwei Jahre später geht er mit dem französischen Botschafter, der infolge politischer Veränderungen nach Frankreich zurückkehrt, wieder nach Paris, löst dort aber durch eine Disputation am Collège de Cambrai, in der Bruno 120 Thesen gegen die Philosophie des Aristoteles aufstellt, einen akademischen Skandal aus[6] und wendet sich 1586 nach Marburg. Da er an der Marburger Universität jedoch keine Lehrerlaubnis erhält, begibt er sich daraufhin an die Universität Wittenberg. Auch in Wittenberg manifestieren sich die religiösen Spannungen des Jahrhunderts, denn Bruno findet an der dortigen Universität »zwei Parteien vor: die der Philosophen, und die war kalvinistisch, und die der Theologen, und die war lutherisch«[7]. Aus den Reihen der theologischen Fakultät erwächst ihm jedoch ein Förderer. So kann er für zwei Jahre wiederum eine Dozentur für Philosophie übernehmen und in Ruhe lehren und schreiben, bis sich das Blatt wendet, ein neuer, dem Calvinismus anhängender Fürst die Regentschaft übernimmt und die calvinistische Fraktion der Wittenberger Gelehrtenschaft begünstigt. Bruno sieht sich gezwungen zu gehen, hat aber nichtsdestotrotz gerade in der Wittenberger Zeit ein wichtiges Fundament für seine lateinischen Spätschriften legen können. Als er sich im Anschluß daran im Frühjahr 1588 um Aufnahme in den Kreis der Gelehrten am Hof Rudolfs II. in Prag bewirbt, einem damaligen Wissenschaftszentrum, muß er sich allerdings mit einer finanziellen Unterstützung für eine dem Kaiser gewidmete mathematische Schrift[8] zufriedengeben und sich wiederum sechs Monate später auf den Weg bzw. die Suche nach einem Ort gesicherter Existenz machen. So führt es ihn im Januar 1589 an die seit 1567 bestehende Universität Helmstedt, wo er, erneut für ein Jahr, vor allem an der Grundlegung seines lateinischen Spätwerkes arbeiten kann, um 1590 nach Frankfurt umzuziehen. Hier publiziert Bruno seine lateinischen Hauptschriften im renommierten Druckhaus Wechel bzw. wird selbst als Schriftsetzer tätig.[9]

1591 erreicht ihn eine Einladung nach Venedig, die tragische Folgen haben sollte. Der venezianische Adelige Mocenigo bestellt ihn als Lehrer in sein Haus, um in der Gedächtniskunst, für die Bruno allerorten berühmt ist, unterwiesen zu werden. Parallel bewirbt Bruno sich um einen Lehrstuhl für Mathematik an der Universität Padua – allerdings erfolglos. Galilei wird diese Professur ein Jahr später erhalten. Dennoch unterrichtet Bruno, neben seiner mnemotechnischen Schulungstätigkeit im Hause des Venezianers, in Padua Studenten. Bis 1592 wohnt er in Venedig im Hause des Adeligen. Bereits die Rückkehr nach Frankfurt anvisierend, um dort die Drucklegung seiner Werke zu beaufsichtigen, fällt Bruno einer denunziatorischen Intrige zum Opfer, wird den Inquisitionsbehörden vorgeführt und aufgrund diverser ungeklärter Ketzereivorwürfe in den venezianischen Bleikammern gefangengesetzt. Im Jahre 1593 erfolgt die Auslieferung an die römische Inquisition. Bruno wird eingekerkert, in den sieben folgenden Jahren mehrfach verhört, gefoltert und schließlich zum Tod auf dem Scheiterhaufen verurteilt. Im Februar des Jahres 1600 wird dieses Urteil auf dem Campo dei fiori öffentlich vollstreckt.

Bis in unser Jahrhundert sind die Einschätzungen des Brunoschen Werkes durch eine außerordentliche Ambivalenz gekennzeichnet. Von den einen wird er gefeiert als Wegbereiter neuzeitlicher Philosophie im Ausgang von der mittelalterlichen Scholastik und als wichtiger Vertreter einer Emanzipationsbewegung in den Naturwissenschaften, die von Kopernikus über Bruno und Galilei zu Kepler führt. Von den anderen wird er als Anhänger eines magisch verbrämten, unsystematisch-spekulativen Obskurantismus verworfen. Hiervon Abstand nehmend, ist die Aufgabe um so dringlicher geworden, in unvoreingenommener Erschließung der bis dato kaum vollständig und im systematischen Zusammenhang rezipierten Schriften des Nolaners ihren Stellenwert im zeitgenössischen wie im weit darüber hinausreichenden philosophischen Kontext neu zu bestimmen. Erst in den vergangenen Jahrzehnten klärte sich der von euphorischer Begeisterung wie von kurzsichtigen Fehleinschätzungen gleichermaßen verstellte Blick auf die metaphysischen und naturphilosophischen Problemhorizonte Brunos.

Neben der philosophischen Relevanz der Brunoschen Schriften, die in dieser einführenden Studie anhand der Frage nach der Bedeutungsdimension der Einheitsmetaphysik dargelegt wird – dies ist gleichsam der rote Faden einer systematischen Problematisierung Brunoschen Denkens –, gilt es ebenso, dem literarischen bzw. poetischen Rang, der sinnlichen Ausdruckskraft und dem Anspielungsreichtum der Texte Beachtung zu schenken. Wenn in dieser Studie Auszüge aus dem Brunoschen Frühwerk wiedergegeben werden, so geschieht dies nicht zuletzt, um einen Eindruck des sprachlichen Reizes zu vermitteln. In der Absicht, einen ersten Zugang zu den lateinischen Schriften zu ermöglichen, werden zudem zentrale Passagen in deutscher Übersetzung wiedergegeben.

In einem ersten Teil werden im folgenden die italienischen Schriften, das Frühwerk des Nolaners, in der Chronologie ihrer Veröffentlichung in den Jahren 1584 und 1585 vorgestellt, um damit einerseits einen Überblick der Schwerpunktthemen aus den Bereichen Naturphilosophie und Kosmologie, Erkenntnistheorie, Ethik und Anthropologie zu geben bzw. das Terrain der spezifisch Brunoschen Fragestellungen und Problemaspekte zu umreißen und andererseits an zentrale Begriffe, systematische Hauptgedanken und Argumentationslinien heranzuführen.

In einem zweiten Schritt geht diese Erklärung der Grundlegung und Entwicklung wesentlicher Ansätze über in den Versuch, anhand des lateinischen Spätwerkes die Weiterführung, Verortung und Bedeutung dieser philosophischen Positionen und methodischen Maßgaben innerhalb der Systematik Brunoschen Denkens zu bestimmen bzw. zu zeigen, inwiefern die Vielschichtigkeit und Mehrdimensionalität theoretischer Perspektiven auf der Basis eines durchgehenden metaphysischen Konzeptes gewissermaßen aus einem Punkt, d.h. über das Denken der Einheit begriffen werden kann.

1. Das italienische Frühwerk

Das Aschermittwochsmahl (La cena de le ceneri)

Als Giordano Bruno im Jahr 1583 in London die dem französischen Botschafter Michel de Castelnau gewidmete Schrift *Das Aschermittwochsmahl (La cena de le ceneri)* veröffentlicht, sorgt dieses Werk nicht etwa für positive Resonanz oder gar Anerkennung in den intellektuellen Kreisen Londons. Vielmehr wird Brunos Schrift, insbesondere aufgrund der schonungslosen Polemik gegen den Oxforder Gelehrtenstand wie der vorbehaltlosen Karikierung des Londoner Geisteslebens, als beschämende Brüskierung aufgefaßt. Der entblößende Charakter seiner Satire, die den Rahmen des Werkes bildet, sowie die eigentliche Thematik, die philosophische Auseinandersetzung mit der Kopernikanischen Kosmologie, erweisen sich als in mehrfacher Hinsicht unverzeihliche Provokation. Bruno webt in diesem Werk ein kunstvolles Geflecht verschiedener, teils fiktiver, teils auf tatsächliche Erlebnisse anspielender Ebenen; sei es die persönliche Abrechnung mit der an der Oxforder Universität erfahrenen Mißachtung, sei es die Überzeichnung erlebter geistiger Unbeweglichkeit und ignoranter Eitelkeit – all dies fügt sich zu einem Szenarium, das, aus dem Blickwinkel Brunos, von der wissenschaftlichen Pedanterie und traditionsverhafteten Engstirnigkeit einer Gelehrtenschaft zeugt, die sich einer unvoreingenommenen Diskussion bahnbrechender naturphilosophischer Ansätze in selbstgefälliger Borniertheit versperrt.

Bereits mit dem Titel der Schrift ist eine ebenso hintersinnige wie offenkundigen Spott verlautbarende Mehrdeutigkeit angelegt. Einerseits erinnert das Aschermittwochsmahl, in der fiktiven Erzählung eingeführt als Festessen im Haus des französischen Botschafters, an das Platonische *Symposion*, ein Gastmahl als Rahmen philosophischer Tischgespräche. Gleichzeitig ist aber nicht zu verkennen, daß die Wahl dieses Tages – im katholischen Kirchenjahr der Ausklang der auf den Kopf gestellten Welt des Karnevals und Beginn der vierzigtägigen, von Fastenpredigten eingeleiteten Fastenzeit – nicht ohne Bedeutung ist. Bruno spielt mit verschiedenen Facetten, liest er doch mit der in dieser Schrift inszenierten abendlichen Zusammenkunft den Oxforder Gelehrten gewissermaßen die Leviten, sowohl was die Verhöhnung seiner Lehre wie was den von ihm zynisch bloßgestellten prinzipiellen Dünkel der zu Tische Geladenen gegenüber der »verachteten Philosophie« (U, 31) angeht. Den universitären Zirkeln gilt jedoch nicht aus »schmutziger Eigenliebe und gewissenlosem Privatinteresse«, sondern aus »Liebe zur Philosophie« (U, 33) sein Hohn.

»Gibt es doch kaum einen lumpigen Pedanten, einen faulen Wortemacher, einen dümmlichen Faun, einen unwissenden Esel, der sich nicht in unsere Familie einschleichen möchte, indem er stets eine Last von Büchern mitführt, sich den Bart lang wachsen läßt oder durch andere Allüren aufzufallen sucht. Die Philosophie indes ist infolge dieser ihrer vorgeblichen Freunde und Söhne soweit heruntergekommen, daß beim Volk Philosoph so viel bedeutet wie Spitzbube, Nichtsnutz, Rechthaber, Scharlatan, Hansdampf in allen Gassen«. (U, 33 f.)

Einerseits schildert Bruno also im *Aschermittwochsmahl* ein Gelage mehr oder minder heller Köpfe, und zugleich versteht er diese Schrift selbst als ein nach subtiler Rezeptur kreiertes Mahl, eine scharf gewürzte Speise, an der sich manch einer die Zunge verbrennt und die Zähne ausbeißt, ein schwerverdauliches Gericht, das in verschiedenen Gängen dargereicht wird, »während Ihr auf den historischen Sinn der Schilderung achtet, ihn kaut und Euch schmecken laßt, stoßt Ihr auf teils geographische, teils rationale, teils moralische Topographien, sowie auf teils metaphysische, teils mathematische, teils naturphilosophische Spekulationen« (AS, 70). Diese Komponenten der Schrift stehen allerdings nicht unvermittelt nebeneinander, sofern »nichts ohne Grund vorgetragen wird« (AS, 75), sondern bereits in der von Bruno gewählten, alle Register sinnlich-allegorischer Ausdruckskraft ziehenden literarischen Form, »ein Gemisch von Dialog, Komödie, Tragödie, Poesie, Rhetorik, Lob, Tadel, Beweis und Lehre« (AS, 75), liegt ein gewisser Affront gegen die Spröde und Nüchternheit scholastischer Disputationsgepflogenheiten, die ihren Niederschlag in einer schulmäßig standardisierten Traktatliteratur finden.[10]

Schließlich ist auf eine letzte Ingredienz dieser Schrift hinzuweisen, eine Beimischung, mit der Bruno die polemische Darstellung seines eigenen Schicksals in London unterlegt. Anläßlich eines Englandbesuches des polnischen Fürsten Alberto da Lasco im Jahre 1583 veranstaltete die Oxforder Universität für den wissenschaftlich interessierten Gast eine öffentliche Disputation im Beisein aller hohen Würdenträger. Wenngleich es keinerlei Belege dafür gibt, daß Bruno als einer der Disputanten aufgetreten ist, stellt er es im *Aschermittwochsmahl* so dar, als habe er bei dieser Gelegenheit eine Vorlesung über den Kopernikanismus gehalten. Durch diesen Kunstgriff bettet er nicht nur sein persönliches Scheitern als Lehrstuhlanwärter in Oxford in einen bedeutungsvollen Kontext ein, sondern verleiht der von bitterem Spott inspirierten Schilderung der Geschehnisse, insbesondere in bezug auf die in Brunos Augen von Verstocktheit und Arroganz gezeichneten Gelehrten, den Anstrich eines historischen Faktums.

»Dieses glückliche Land steht im Augenblick unter dem Stern des Dünkels und verstocktester pedantischer Unwissenheit, gepaart mit bäurischer Unhöflichkeit, bei der selbst Jupiter die Geduld verlieren würde. Wenn Ihr es nicht glaubt, begebt Euch nach Oxford und laßt Euch erzählen, was dem Nolaner dort widerfahren ist, als er in Anwesenheit des polnischen Fürsten Laski und englischer Adliger mit jenen Doktoren der Theologie öffentlich disputierte. Laßt Euch erzählen, wie man auf seine Argumente zu antworten verstand und wie jener arme Doktor, der als Leuchte der Akademie bei diesem bedeutenden Anlaß dem Nolaner entgegengetreten war, durch 15 Schlußfolgerungen 15 mal in die Enge getrieben wurde und nicht mehr ein noch aus wußte. Laßt Euch berichten, mit welcher Unhöflichkeit und Frechheit dieses Schwein vorging und welche Geduld und Menschlichkeit der Nolaner dagegen aufbrachte [...]. Wer Perlen vor die Säue wirft, darf sich nicht wundern, wenn sie zertreten werden.« (AS, 183 f.)

Mit literarischer Raffinesse bedient sich Bruno im *Aschermittwochsmahl* des Dialoges, eines in der humanistischen Tradition durchaus gebräuchlichen Genres, in Form eines in Szene gesetzten lebendigen philosophischen Gesprächs, in dessen Aufbau Bruno allerdings eine gewisse Verdopplung und Durchkreuzung der Dialogebenen vornimmt. In einer Rahmenhandlung entfaltet sich eine Gesprächssituation zwischen vier Personen, die gleichsam charakteristische, zeitgenössische Gelehrtentypen verkörpern: Teofilo (= Gottesfreund), der als Sprachrohr Brunos verstanden werden kann (diese Figur taucht auch in späteren Schriften als Philoteo in gleicher Funktion wieder auf), der Engländer Smith, ein interessierter, aufgeweckter Zuhörer und Gesprächspartner, Prudenzio, dessen Name bereits in ironischer Lesart auf einen Repräsentanten humanistischer Büchergelehrsamkeit hinweist und den Bruno in überzeichnender Polemik als verstaubten Pedanten, Wortklauber und notorisch unbelehrbaren Charakter einführt, und schließlich Frulla, bei dem wiederum der Name für eine Typisierung steht, einen Mann von mäßigem geistigen Vermögen, einen verdrehten Kopf (frullare = quirlen), dessen bisweilen ironisch-gelehrigen Einwürfe nichts wesentliches zum Gespräch beitragen.

Im Verlauf dieses Gespräches nun, das stark durch satirische Züge, derbe Verunglimpfungen und komödienhafte Theatralik geprägt ist, berichtet Teofilo über eine erst kurze Zeit zurückliegende Disputation während eines Festmahles am Aschermittwoch, zu dem der Londoner Adelige Sir Fulk Greville den »Nolaner« geladen habe. Dieser sollte vor anwesender Zuhörerschaft, »Ritter, Edelleute und Doktoren« (AS, 111), mit zwei hohen Würdenträgern der Oxforder Gelehrtenschaft, Dr. Nundinio und Dr. Torquato, die allerdings mehr durch ihre Standesinsignien denn durch ihr Wissen glanzvolle Erscheinungen gewesen seien, über »seinen Kopernikus und andere Paradoxe seiner neuen Philosophie« (AS, 85) sprechen.

Das hiermit eingeführte, im folgenden von Teofilo referierte Binnengespräch greift indirekt Giordano Brunos Universitätserlebnis auf und verlagert diese Situation in den Zusammenhang eines Gastmahls unter Gelehrten. Das geschilderte Symposion führt, in literarisch transformierter Form, eine unter Zeitgenossen höchst umstrittene Frage vor Augen und inszeniert die Konfrontation von starrem, scholastischem Aristotelismus und Kopernikanischer Lehre, gespickt mit zahlreichen allegorischen wie direkten, boshaften Seitenhieben gegen das ärmliche Oxforder Pedantentum.

Durch diese Wiedergabe eines Dialoges im Dialog kann Giordano Bruno auf zwei Ebenen agieren. Während er in der Binnenhandlung als vorgeblich authentischer Schilderung eines Gesprächsverlaufes eine Argumentationslinie entwickelt, greift er diese auf der Ebene des Gesprächs der Rahmenhandlung nochmals auf, um sie mit Kommentierungen weiterzuführen.

So macht Teofilo, auf die Frage hin, was er denn vom Kopernikanismus halte, die Brunosche Position vorstellig: »Er [Kopernikus] besaß einen ernsten, geschulten, tätigen und reifen Geist und ist keinem Astronomen, der vor ihm lebte, unterlegen [...]. Er hat sich nämlich von einigen falschen Voraussetzungen der gemeinen Philosophie, um nicht zu sagen Blindheit, freigemacht. Doch mehr auf die Mathematik als auf die Natur bedacht, hat er sich nicht genügend von den falschen Voraussetzungen gelöst und konnte nicht so in die Tiefe dringen, um die abwegigen und leeren Prinzipien mit den Wurzeln auszurotten«. (AS, 87)

Zwar rühmt Teofilo Kopernikus als »Morgenröte der aufgehenden Sonne der wahren alten Philosophie« (AS, 88), dem es an »giudizio naturale« (CEN, 28), an natürlichem Urteilsvermögen keiner der vorangehenden Astronomen gleichtue, dennoch wird zugleich seine »mehr mathematische als naturphilosophische Betrachtungsweise« (AS, 87) betont und damit eine bei Kopernikus noch fehlende philosophische Fundierung der kosmologischen Reform.[11] Eben diese Begründung, so Teofilo, leiste erst der Nolaner, ja es zeichne diesen Philosophen aus, daß er über die Kopernikanische Theorie eines heliozentrischen, immensen Weltraumes bzw. der Eigenbewegung der Erde weit hinausgehe, sofern er die gesamte Kosmologie aus seiner Metaphysik, der Lehre von der einen göttlichen Ursache begründe und uns dadurch befähige, »die unendliche Wirkung der unendlichen Ursache zu entdecken, die wahre und lebendige Spur der unendlichen Kraft« (AS, 93).

Hier kristallisieren sich bereits zentrale Thesen der Brunoschen, den Kopernikanismus diskutierenden Philosophie heraus. So fungieren einige der Akteure, die Bruno im *Aschermittwochsmahl* gewissermaßen auf einer doppelbödigen Bühne in Dialog treten läßt, als Verkörperung antikopernikanischer Positionen, die Bruno Schritt für Schritt zu entkräften unternimmt, indem er »die Absurdität der gegenteiligen Meinungen mit Hilfe eben der Prinzipien aufweisen möchte, auf welchen sie beruhen« (AS, 109).

Gleichzeitig führt er uns ein groteskes Spiegelbild der Londoner Gesellschaft vor Augen, die aus seiner Sicht durch Ausländerfeindlichkeit und ein rauhes soziales Klima gekennzeichnet ist. Bereits die Schilderung des Weges, den der Nolaner und seine Begleiter zu dem philosophischen Festmahl zurückzulegen haben, zeigt London als einen ausweglosen Sumpf, in dem sich ein unflätiger Pöbel herumtreibt, so daß die Stadt den Charakter einer dumpfen Höhle ebenso finsterer Gestalten erhält. Dieses in düsteren Farben gestaltete Gemälde der Londoner Verhältnisse ist, wie Bruno in der Vorrede schreibt, eher poetisch-allegorisch zu verstehen denn als historischer Bericht und weist damit um so drastischer auf ein geistiges Schattendasein im Sinne des Platonischen Höhlengleichnisses, eine Vorhölle, der es zu entrinnen gilt, um nicht vom knietiefen Morast der Rohheit und Unkenntnis verschlungen zu werden. Auch diese Anspielungen lassen sich im übertragenen Sinne als Kritik an einer Atmosphäre intellektueller Umnachtung deuten, als Kontrasthintergrund zu der Forderung Brunos, die Augen für das »Licht der Wahrheit« (AS, 99) zu öffnen, um die Schranken geozentrischer Kosmologie endgültig zu durchbrechen und das Denken aus dem Kerker eines verschulten blinden Aristotelismus zu befreien.

»Der Nolaner hat [...] den menschlichen Geist und die Erkenntnis befreit, die in dem engen Körper der irdischen Lufthülle eingeschlossen waren und aus dem sie nur wie durch schmale Schlitze die entferntesten Sterne erblicken konnten. Dem Geist waren die Flügel gestutzt, damit er sich nicht aufschwingen und den Wolkenschleier zerreißen könne, um das zu schauen, was sich dahinter in Wahrheit befindet [...]. Da kam der Nolaner und hat die Lufthülle hinter sich gelassen, ist in den Himmel eingedrungen, hat die Sterne durchmessen, die Grenzen der Welt überschritten und die erdichteten Mauern der ersten, achten, neunten, zehnten und weiteren Sphären zerstört, die törichte Mathematiker und das blinde Sehen gemeiner Philosophen noch hätten hinzufügen wollen. So hat er für jeden, der Sinn und Verstand besitzt, mit dem Schlüssel unermüdlicher Nachforschung diejenigen Hallen der Wahrheit geöffnet, die sich überhaupt von uns öffnen lassen.« (AS, 91 f.)

Mit diesem philosophischen Durchbruchsversuch geht Giordano Bruno auch über die von Nikolaus Kopernikus (1473-1543) in der Denkschrift *De hypothesibus motuum coelestium commentariolus* (1514) erstmals vorgestellte heliozentrische Kosmologie hinaus. Bereits in diesem zunächst nur einem engen Kreis von kirchlichen Würdenträgern zugänglich gemachten *Commentariolus* formuliert Kopernikus seine Hauptthesen, wonach nicht die Erde, sondern die Sonne die in Ruhe befindliche Mitte innerhalb des kosmischen Sphärensystems einnimmt. Zwar befindet sich die Sonne nach Kopernikus nicht exakt im Zentrum, dennoch aber vollziehen alle anderen Planeten je spezifische Kreisbahnen um diesen ruhenden Punkt, und auch die Erde, um die der Mond im monatlichen Zyklus seine Bahn verfolgt, bewegt sich auf ihrer Sphäre jährlich um die Sonne und vollzieht zudem eine tägliche Bewegung wie eine Deklinationsbewegung.

Mit dieser Kosmologie leitet Kopernikus die Ablösung des bis dato gültigen geozentrischen Systems des Ptolemäus ein, ohne dabei allerdings die traditionellen, auf der Aristotelischen Naturphilosophie basierenden Grundannahmen wie etwa die

Auffassung eines hierarchischen, in geometrisch exakten Kreisbahnen aufgebauten Sphärenmodells und die Annahme einer gleichförmigen Kreisbewegung der Planetensphären, deren Abschluß die (nach Kopernikus unbewegliche) Fixsternsphäre bildet, aufzugeben.[12] Diese kosmologische Reform arbeitet Kopernikus in seinem Hauptwerk *De revolutionibus orbium coelestium libri VI* aus, das erst in seinem Todesjahr erscheint.

Ohne das komplexe kosmologische System des Kopernikus hier en detail diskutieren zu wollen, gilt es doch, sich die Bedeutung des heliozentrischen Weltbildes vor allem in Hinblick auf die damit verbundene theologische Dimension für das scholastische Mittelalter zu vergegenwärtigen. Die auf Aristotelischen Grundlagen beruhende geozentrische Kosmologie des Ptolemäus beinhaltet eine Trennung zwischen einer sublunaren Sphäre der von Werden und Vergehen gekennzeichneten irdischen Welt und einem supralunaren Bereich des Himmels, der sich als konzentrisches System von Planetensphären aufbaut, umgeben von der Fixsternsphäre.[13] Jenseits der abschließenden Sphäre aber wird ein im aristotelischen Sinne alle kosmischen Bewegungen bewirkender unbewegter Beweger (primum mobile) angenommen. Dieses hierarchische Modell einer Wirkkausalität vom allumfassenden ersten Bewegungsprinzip über vermittelnde Planetenkreise bis hin zur im Zentrum ruhenden Erde verkörpert zugleich eine theologisch-metaphysische Seinsskala zur Begründung der Einwirkung des jenseitigen Schöpfers auf die Schöpfung bzw. des über verschiedene Seinsstufen vermittelten Einflusses eines transzendenten Gottes auf den Erdenmenschen als Zielpunkt göttlicher Wirkmächtigkeit. Die heliozentrische Umbesetzung der Mitte der Welt konfligiert natürlich mit dem scholastischen System eines Seinsordo und stellt insbesondere die ausgezeichnete Stellung des Menschen innerhalb der Schöpfung in Frage.

Weitaus radikaler noch aber sind die Konsequenzen für den mittelalterlichen Stufenkosmos und die damit einhergehende theologische Weltordnung, wenn wir uns die von Giordano Bruno formulierten kosmologischen Postulate vor Augen führen. In der im *Aschermittwochsmahl* geführten Auseinandersetzung mit der Heliozentrik des Kopernikus verfolgt Bruno daher auch weniger die Absicht, sich als überzeugten Anhänger des Kopernikanismus ins Spiel zu bringen. Vielmehr ist es sein Anliegen, die auf der Grundlage der Einheitsmetaphysik entfaltete Lehre eines unendlichen Weltalls argumentativ zu entwickeln, ohne hierbei die Annahmen zur Planetenbewegung bzw. zur Erdbewegung auf mathematische Meßergebnisse zu gründen, sondern auf die Natur und logische Bewahrheitung des jeweils bewegten Gegenstandes, »circa la natura e verificazione del soggetto di questi moti« (CEN, 129), zu achten. So mag man Brunos Ausführungen zu den Abstandsverhältnissen der Himmelskörper, seinen Theorien über Leuchtintensität einzelner Gestirne als Grundlage von Größen- und Entfernungsbestimmung etc. berechtigterweise vorhalten, hier offenbare sich ein hinter den zeitgenössischen Berechnungstheorien zur Himmelsmechanik weit zurückbleibender, unzureichender astronomischer Kenntnisstand, nicht zuletzt, da seine Spekulationen nicht selten Fehlannahmen aufweisen. Wesentlicher ist aber Brunos Versuch, seine Argumentation fernab überlieferter kosmologischer Modelle aus Vernunftgründen zu entwickeln, d.h., sich auf die eigenen, gesicherten Prinzipien zu stützen, um damit nicht durch Festhalten an Autoritäten, sondern durch lebendigen Sinn und Verstand seiner Theorie sicher sein zu können. (Vgl. CEN, 91)

Vor diesem Hintergrund geht es Bruno nicht um die Verteidigung der Heliozentrik gegen die Geozentrik. Vielmehr wird die Kopernikanische Theorie der Erdbewegung zum Ausgangspunkt, um die prinzipielle These einer Selbstbewegung jedes einzelnen Himmelskörpers einzuführen, d.h. eines inneren Bewegungsprinzips jedes auf natürliche Weise bewegten Körpers, und zwar innerhalb eines als unbegrenzt anzunehmenden Weltraums, in dem es überhaupt keinen absoluten Mittelpunkt, keine hierarchische Sphärenordnung, keinen äußeren Rand oder gar Beweger gibt. Abstandsverhältnisse und Bewegungen der Planeten zueinander lassen sich damit lediglich relativ, »immer nur in bezug auf andere Körper oder beliebig festgesetzte Punkte« (AS, 152) bestimmen. Bruno bricht nicht nur mit der Vorstellung eines Kugelschalenkosmos, d.h. einer zentrumsbezogenen Kreisbewegung von einzelnen Himmelssphären als Trägern der jeweiligen Gestirne, denn es »gibt keine anderen äußeren Beweger, die die erdichteten Sphären, an denen die Körper gleichsam festgenagelt sind, antreiben« (AS, 157). Er bestreitet zudem die exakt kreisförmige Bahn der Planeten, sofern schlichtweg kein einziger Bewegungsablauf in der Natur dem geometrischen Kreis entspricht.[14]

»Für uns aber, die wir nicht unwirkliche Schatten, sondern die Dinge selbst sehen, gibt es nur einen luftigen, ätherischen, von Geist [spiritus] durchdrungenen, flüssigen Körper, einen Raum, der Ruhe und Bewegung in sich faßt, einen unermeßlichen und unendlichen Schoß (das wenigstens müssen wir behaupten, da wir mit den Sinnen und der Vernunft keine Grenze entdecken können), und wir wissen sicher, daß dieser Raum als Wirkung und Erzeugnis einer unendlichen Ursache und eines unendlichen Prinzips auf unendliche Weise unendlich sein muß.« (AS, 153)

Für Bruno findet sich, gerade wenn man von einer ersten unendlichen Ursache (Gott) des sichtbaren Universums ausgeht, keinerlei Begründung, warum dieses Weltall endlich und auf eine ruhende Mitte hin ausgerichtet sein sollte bzw. nur eine begrenzte Anzahl von Himmelskörpern enthalten sollte. Vielmehr muß die Wirkung der unendlichen Ursache ebenso unendlich sein, das Weltall daher nicht nur unbegrenzt und unendlich, sondern erfüllt von unzähligen Welten, so daß »es viele, ja unzählige Erden gibt, die der unseren gleichen« (AS, 151), und man davon ausgehen kann, daß diese ebenso bewohnt und belebt sind wie die unsere.

Eine solche spekulative Theorie des Universums, in der sich Bruno vor allem auf die Metaphysik des Nikolaus von Kues berufen kann[15], wendet sich ab von der Vorstellung eines durch göttlichen Anstoß in Betrieb gesetzten planetaren Bewegungssystems und setzt statt dessen einen Gottesbegriff, wonach Gott einerseits die absolute Ursache von allem ist und zugleich ein allen Dingen qua Beseelung innewohnendes Prinzip. Bruno begreift alle natürlichen Abläufe innerhalb des unendlichen Raumes als lebendige Prozessualität beseelter Lebewesen, und daher »bewegen sich auch die Erde und die anderen Gestirne ihrer verschiedenen Lage entsprechend aus dem inneren Prinzip, welches ihre eigene Seele ist« (AS, 158). Nicht nur die Erde ist demnach ein lebendiger Organismus zusammenwirkender Glieder, sondern innerhalb des einen Himmels, des aufnahmefähigen Raums oder Schoßes der Welten bewegen sich die unzähligen Planeten als »grandi animali« (CEN, 131), als Lebewesen. Bei diesen unterscheidet Bruno wärmespendende und kalte, um damit einen polaren Wirkzusammenhang zu begründen, so daß sie »im wechselseitigen Austausch am Lebensprinzip des anderen« (AS, 181) teilhaben. Allein hieraus erklärt sich die jeweilige Kreisbewegung der Planeten, zumal »ein jeder Körper sich um denjenigen bewegen muß, dessen Kraft er empfangen möchte« (AS, 197), sind diese zyklischen Bewegungen doch Teilprozesse einer lebendigen kosmischen Dynamik. Unzählige, ein inneres Bewegungsprinzip besitzende Welten ziehen daher im unendlichen Raum ihre Kreise, bewahren »die Ordnung im Aufbau der Natur, dem lebendigen Spiegel der unendlichen Gottheit« (AS, 198), so daß »Ordnung und Wechselbeziehung aller Dinge« und »Entsprechung und Übereinstimmung der Gesetze ihrer Wandlungen« (AS, 200) auf das Wirken der unendlichen Ursache in allem verweisen, die sich in jedem Lebewesen als die je eigene Natur, eigene Seele und eigene Intelligenz zeigt. Aufgrund dieses inneren Prinzips – nicht durch Bewegungsimpulse von außen – sucht jedes Ding von sich aus seinen natürlichen Ort, strebt es nach Selbsterhaltung in sympathetischer Wechselbeziehung zu anderen: »Denn genau betrachtet, wird man erkennen, daß die Erde und all die anderen Körper, die wir Gestirne nennen, als hauptsächliche Glieder des Weltalls nicht nur Leben und Nahrung den Dingen spenden, die aus ihnen ihren Stoff nehmen und ihn wieder zurückgeben, sondern selbst ebenso oder gar in höherem Maße Leben in sich haben, durch das sie mit festem und natürlichem Willen aus einem inneren Prinzip sich auf angemessenen Bahnen zu den Dingen bewegen.« (AS, 157)

Auf der Basis dieses Organismusmodells, d.h. der Vorstellung von der Beseeltheit aller Körper und ihrer lebendigen Wechselwirkung im Universum formuliert Bruno weiterhin seinen Erklärungsansatz zur Zweckmäßigkeit der kosmischen Bewegungsvorgänge und vor allem der Bewegung der Erde. Ausgehend von einer unzerstörbaren Materie und Substanz aller Dinge, liegt der Zweck jeglicher Bewegung darin, daß kein Körper ein und denselben Zustand, ein und dieselbe Erscheinung bewahrt, sondern sich in beständigem Wechsel der Formen permanent erneuert, denn »Zweckursache der räumlichen Bewegung sowohl des Ganzen als auch aller Teile ist der Wechsel [...] damit auf diese Weise alles einmal alle Zustände und Formen durchlaufe« (AS, 209).

Der universale, lebendige Stoffwechselprozeß innerhalb des unendlichen Raumes, der im Ganzen wie in allen Teilen statthat, erklärt nicht nur Werden und Vergehen der Dinge – etwa auf der Erde; er weist vielmehr auf eine bei aller Veränderung ewige Materie oder Substanz. Deren Dignität zeigt sich eben darin, daß sie alle Formen, die die unendliche Ursache aktual in sich enthält, im unendlichen Wandel und der unendlichen Mannigfaltigkeit der Erscheinungsweisen hervorbringt, so daß sukzessive »alles werde, alles sei« (AS, 207). Aus diesem Grund vollzieht die Erde, so Bruno, eine vierfache Bewegung bzw. bewegen sich alle Körper in der unendlichen ätherischen Region des Alls, die das Fundament und die »unendliche Materie der wirkenden unendlichen Macht Gottes« (AS, 181) bildet, damit alles, was möglich ist, wirklich sei, d.h., sich die unendliche Formpotenz der Einheit im unablässigen Formwandel der Dinge als Leben des Ganzen entfalte.

Bereits mit den im *Aschermittwochsmahl* konturierten naturphilosophischen und kosmologischen Postulaten, wie etwa der Lehre eines unendlichen Alls unzähliger Welten, den Ausführungen zur Bewegungslehre bzw. der bloß relativen Bestimmbarkeit von Ruhe und Bewegung respektive Schwere und Leichtigkeit, der Erklärung von Anziehungs- und Abstoßungskräften sowie einer sympathetischen Wechselwirkung aller lebendigen, organismisch gefaßten Körper auf der Grundlage einer Allbeseeltheitslehre bzw. einer unveränderlichen, im permanenten Stoffwechselprozeß der wandelbaren Dinge ewigen Materie, stellt Bruno Grundzüge seiner Philosophie vor, die er in den Folgeschriften detailliert auszuarbeiten und zu beweisen sucht. Dreh- und Angelpunkt seiner kosmologischen Theorie aber ist der Einheitsbegriff, dessen metaphysische Dimension in der Begründung des Verhältnisses von Einheit und Vielheit das zentrale Thema des zweiten der italienischen Dialoge sein wird.

Über die Ursache, das Prinzip und das Eine (De la causa, principio e uno)

Hat sich anhand der im *Aschermittwochsmahl* vorgestellten kosmologischen Thesen gezeigt, daß Giordano Brunos philosophischer Ansatz nicht ohne den zugrundegelegten Einheitsbegriff zu verstehen ist, der gleichsam die metaphysische Mitte des postulierten unendlichen Universums bildet, so geht es Bruno im Text *Über die Ursache* darum, dieses Fundament über eine systematische Entwicklung der logisch-metaphysischen Voraussetzungen zu legen und damit sowohl rückblickend auf die vorausgehende, heftigen Angriffen ausgesetzte Schrift wie in Hinblick auf alle weiteren Werke eine prinzipielle Begründung der Einheitsmetaphysik zu leisten.

Das Gesprächsklima in *Über die Ursache* hat sich im Verhältnis zu den turbulenten Verwicklungen, polemischen Spitzen und offenen Autoritätsbeleidigungen des *Aschermittwochsmahls*, wonach Bruno in dem Ruf steht, er habe sich »auf das Bellen eines tollen und wütenden Hundes verlegt« (U, 29), beruhigt, sieht man einmal von der direkt auf die verfemte Schrift bezugnehmenden apologetischen Rede im ersten der fünf Dialoge dieses Werkes ab. In den folgenden vier Dialogteilen schlägt Bruno moderatere, wenngleich nicht minder energische bzw. konfliktbereite Töne an. Einerseits werden die Gesprächsteilnehmer als weniger dünkelhafte Gemüter eingeführt, denn bis »auf einen sind es lauter ruhige und höchst ehrenwerte Leute« (U, 43), andererseits ist Bruno offenbar daran gelegen, seine philosophische Seriosität durch eine genaue Explikation der zentralen Begriffe und die Überzeugungskraft seiner Argumentation unter Beweis zu stellen.

So erweist sich die dialogische Anlage der Schrift als fiktive Gesprächssituation, in der es wiederum Teofilo ist, der im

Kreise seiner Mitstreiter – das sind der ebenso gelehrte wie kultivierte Freund Dicsono, Gervasio, ein philosophisch ungeschulter, aber durchaus verständiger Mann, und der »gottverlassene Pedant« (U, 44) Polihimnio – den insbesondere von Dicsono angeregten Fragen Rede und Antwort steht und damit die Position Giordano Brunos zur Sprache bringt. Der Verlauf der Diskussion, die diskursive Struktur ist vor allem dadurch geprägt, daß Bruno ihm widersprechende Auffassungen und Beweisschritte – in diesem Falle in erster Linie aus der aristotelischen Schule – entweder vorwegnimmt oder durch die Gesprächsteilnehmer vorbringen läßt, um sie in kritischer Widerlegung zum Ausgangspunkt seines eigenen Argumentationsaufbaus zu nehmen.

Verfolgen wir nun den Gang dieser Hinführung zum Einheitsbegriff bzw. einer systematischen philosophischen Bestimmung des Verhältnisses von Einheit und Vielheit. Bereits im *Aschermittwochsmahl* hat Bruno betont, das unendliche Universum sei Wirkung einer unendlichen Ursache und eines unendlichen Prinzips. In seinem Werk *Über die Ursache* legt er differenziert auseinander, wie die Termini »causa« (Ursache) und »principio« (Prinzip) in bezug auf ihre »differenza e concordanza, identità e diversità« (CPU, 178) zu fassen sind. In Anknüpfung an die in der Aristotelischen *Metaphysik*[16] gegebene Definition geht Bruno davon aus, daß alles, »was nicht selbst erstes Prinzip und erste Ursache *ist*, ein Prinzip und eine Ursache *habe*« (U, 51). Dabei ist unter Ursache dasjenige zu verstehen, was etwas bewirkt, von dem Verursachten aber unterschieden ist, während mit Prinzip ein dem Hervorgebrachten innewohnender Erzeugungs- oder Anfangsgrund gekennzeichnet ist.

Allein in Hinblick auf Gott, der erstes Prinzip und erste Ursache des von unzähligen Lebewesen erfüllten Alls ist, sind diese Bestimmungen lediglich verschiedene Hinsichten: Insofern »alle Dinge ihm nachgeordnet sind in einer bestimmten Reihenfolge des Früher oder Später gemäß der Natur, der Dauer oder der Würde« (U, 55), ist er erstes, den Dingen immanentes Prinzip, und »insofern alle Dinge von ihm unterschieden sind, wie die Wirkung vom Bewirkten« (U, 55), ist er erste Ursache. Bei allen anderen Dingen in der Natur sind Ursache und Prinzip dagegen zu unterscheiden.

Zwar differenziert Bruno im weiteren nicht so strikt zwischen Ursache und Prinzip, wie es zunächst scheint, gleichwohl deutet sich bereits an dieser Stelle eine wichtige erkenntnistheoretische Einschränkung an. Während es nämlich im Bereich der physischen Wirklichkeit bzw. bei Vorgängen der Natur möglich ist, Aufschluß über die nächste Ursache und das nächste Prinzip zu gewinnen, ist uns eine angemessene Erkenntnis des über die natürlichen Dinge hinausgehenden unendlichen göttlichen Wesens verwehrt[17], so daß wir, »ausgehend von der Erkenntnis aller abhängigen Dinge, bestenfalls auf die Spur der Erkenntnis des ersten Prinzips und der ersten Ursache kommen können« (U, 52).

Hiermit ist deutlich ausgedrückt, daß es die Grenzen der menschlichen Erkenntnis weit übersteigt, Gott oder das Eine selbst begreifen zu wollen, daß es dem endlichen Sinn und Verstand aber offensteht, aus den allgegenwärtigen Wirkungen wie aus Spuren, Schattenrissen und Spiegelbildern (vgl. U, 53) auf die Einheit zu schließen und diese unendliche Wesenheit Gottes mit Blick auf die »prächtigen Gestirne und leuchtenden Himmelskörper [...], die ebenso viele bewohnte Welten, gewaltige Organismen und erhabene Gottheiten sind; die unzählige Welten zu sein scheinen und es auch wirklich sind« (U, 54), zu bewundern. Die Frage nach Ursache und Prinzip kann daher, auf der Grundlage der vor Augen stehenden Wirklichkeit, nur an die physische Welt bzw. das sichtbare Universum, den lebendigen Spiegel der Gottheit, gestellt werden. Die gesamten weiteren Ausführungen sind innerhalb dieses erkenntnistheoretisch umrissenen naturphilosophischen Horizontes zu betrachten. Bruno fragt nach der Wirkung des Einen, sofern sie im unendlichen Universum in unendlich mannigfaltiger Form in Erscheinung tritt; er sucht das Eine, sofern es immanenter Grund von und in allem ist, zu begründen. Allein diese Spuren lassen sich mittels der Vernunft verfolgen, wenngleich in Hinsicht auf die Einheit der physischen, unendlichen Wirklichkeit wiederum nur annäherungsweise begrifflich erfassen, denn auch das infinite All entzieht sich einer Anschauung als Ganzes. Noch viel weniger aber kann die über die Dinge hinausweisende göttliche Einheit Gegenstand eines Wissens sein, sondern bleibt der spekulativen Gotteslehre vorbehalten. Bruno verschließt sich keineswegs generell einer transzendenten Dimension des Einen – dies wird sich insbesondere anhand späterer Schriften erhärten lassen –, markiert aber die Grenzen des vermöge der Vernunft Erkennbaren bzw. der logischen Begründbarkeit.

Unter der Voraussetzung dieser Einschränkung entfaltet Bruno sein metaphysisches System in bezug auf Ursache und Prinzip in der Natur. Abermals im Rückgriff auf die Aristotelische Definition von Wirk-, Form- und Zweckursache[18] führt er zunächst einen universalen Intellekt ein, der die Ausfaltung göttlichen Geistes in den Dingen ist und als »universale physische Wirkursache« bzw. »erstes und hauptsächliches Vermögen der Weltseele zugleich die universale Form des Weltalls bildet« (U, 56).

Damit ist eine metaphysische Grundstruktur skizziert, auf welcher die gesamte Brunosche Philosophie aufbaut: Das absolute Eine teilt sich über den universalen Intellekt der Weltseele und damit der allbeseelten Ganzheit des Seienden mit, so daß es nichts gibt, in dem die Einheit nicht wirksam würde, sondern alles ganz und gar von Geist durchdrungen ist.

»Der universale Intellekt ist das innerste, wirklichste, ureigene Vermögen und der potentielle Teil der Weltseele. In sich gleichbleibend, erfüllt er das All, erleuchtet das Universum und leitet die Natur an, ihre Arten hervorzubringen, so wie es ihr zukommt.« (U, 56)

Sofern er als bewirkende Ursache einerseits den natürlichen Dingen äußerlich ist, d.h., gemäß seiner Seinsweise von den Dingen unterschieden ist, als innerstes Vermögen (vgl. CPU, 232) der Weltseele aber zugleich ganz in jedem wirkt, wird er auch »artefice interno« (CPU, 233), innerer Künstler, genannt, weil er die Materie nicht von außen formt, sondern von innen zur Ausbildung ihrer mannigfaltigen Formen antreibt. Dieser universale Intellekt vermittelt damit zwischen dem göttlichen Intellekt, »der *alles ist*«, und dem qua Beseelung jedem natürlichen Ding zukommenden partikularen Intellekt, »der *alles wird*« (U, 58). Als Wirkursache ist er zudem mit der Formursache, d.h. den Formen als Voraussetzung jeglicher Gestaltwerdung, ebenso verbunden wie mit der Zweckursache, dem zu erwirkenden Ziel einer Vollkommenheit des Universums, »die darin besteht, daß in den verschiedenen Teilen der Materie alle Formen aktuelle Existenz haben« (U, 59).

Wie aber läßt sich begründen, daß diese dreifach bestimmte Ursache im ganzen Universum wie in jedem einzelnen Teile wirksam wird? Für Bruno ist dies dadurch gewährleistet, daß der universale Intellekt nicht nur vom Sein der physischen Wirklichkeit unterschiedene Ursache, sondern als Vermögen der Weltseele ebenso inneres Prinzip der Dinge ist. Die Weltseele ist eben dadurch charakterisiert, daß sich in ihr verursachende und innerlich ausformende Funktion verbinden.

»So auch ist die Weltseele, insofern sie beseelt und gestaltet, innerer und formaler Teil des Universums; insofern sie dieses aber lenkt und regiert, ist sie nicht dessen Teil, und ihr

Sinn erfüllt sich nicht als Prinzip, sondern als Ursache.« (U, 60)

Brunos Weltseelenlehre[19] führt auf den systematisch zentralen Ort einer Begründung der absoluten Immanenz des Einen in allem. Nicht nur das gesamte Universum, dieses »grande animale« (CPU, 238), dessen Schönheit von dem einen inneren göttlichen Formprinzip (der Weltseele) zeugt, sondern alle Glieder dieser von Leben erfüllten Welt sind beseelt zu denken, weil »die Weltseele ebenso ganz im Ganzen der Welt und auch ganz in jedem ihrer Teile ist« (U, 63).[20] Die Beseeltheit erstreckt sich weder allein auf die selbstbewegten Himmelskörper noch auf die traditionell durch eine vegetative, sensitive bzw. denkende Seele definierten Lebewesen (Pflanzen, Tiere, Menschen). Für Bruno gibt es vielmehr schlichtweg nichts, was »nicht beseelt wäre oder doch ein Prinzip des Lebens hätte« (U, 64). Mag auch nicht alles lebendig erscheinen, so besitzt gleichwohl jeder noch so winzige Teil der Materie dem Vermögen nach Leben, Seele und Geist.

Legt Bruno zunächst den Schwerpunkt auf die Formkraft der Seele, so ist die Materie dieser nicht untergeordnet im Sinne einer »potenza pura, nuda« (CPU, 307), sie ist kein leeres bzw. nacktes Vermögen und deshalb auch nicht ein »prope nihil« (fast Nichts), wie Bruno in Kritik des Aristotelischen Materiebegriffs betont (vgl. U, 121), sondern formales und materielles Prinzip stehen in innigster Wechselbeziehung, weil »feststeht, daß kein Teil der Materie gänzlich ohne Form ist« (U, 69).[21] Alle Formen sind der Materie vielmehr potentiell immanent, d.h., in der Materie liegt die gesamte Möglichkeit dessen, was sich in der Erzeugung der konkreten Dinge verwirklicht bzw. sich vermöge der lebendigen Kunst der Weltseele aus dem Innern der Materie in der Mannigfaltigkeit körperlicher Erscheinungen entfaltet und zur harmonischen Ordnung des Ganzen verbindet. Form- und Materieprinzip bedingen sich für Bruno notwendig.

»Ferner wird diese Form durch die Materie begrenzt und bestimmt; denn aufgrund ihrer Fähigkeit, unzählige Einzelwesen zu bilden, zieht sie sich zusammen, um *ein* Individuum zu erzeugen; und andererseits bestimmt sich das Vermögen der unbestimmten Materie, die jedwede Form annehmen kann, zu *einer* Art, so daß beide Ursache gegenseitiger Begrenzung und Bestimmung sind.« (U, 71 f.)

In diesem wechselseitigen Wirkverhältnis ist zwar die Form bzw. die Weltseele, der »Inbegriff der Formen« (U, 82), als substantiell Wirkendes die aktive Potenz, die Materie dagegen als substantielles Vermögen und Substrat passive Potenz, doch liegt hierin keine Abwertung, denn die Möglichkeit des Schaffens und die Möglichkeit des Geschaffenwerdens bedingen sich. Materie und Form sind gleichermaßen unvergängliche, gleichbleibende Prinzipien, die letztlich auf »*ein* Sein und *eine* Wurzel« (U, 103), eine substantielle Einheit zurückgehen, in der jede Unterschiedenheit aufgehoben ist. Dennoch hält Bruno im Bereich des Physischen an einer Differenzierung zwischen dem Intellekt oder dem »datore de le forme«, der Seele oder der »fonte de le forme« und der Materie als »ricetto de le forme« (CPU, 272 f.) fest:

»Vielmehr besteht immer ein gewisser Unterschied zwischen dem Wirkenden und dem Bewirkten [...]. Daher tut man gut daran, in dem Organismus der Natur [nel corpo della natura] die Materie von der Seele zu unterscheiden und in dieser wieder einen Unterschied zwischen den einzelnen Arten und ihrem gemeinsamen Wesen zu machen. So lehren wir, daß in diesem Organismus dreierlei enthalten ist: erstens der in den Dingen waltende universale Intellekt, zweitens die belebende Seele des Ganzen, drittens das Substrat.« (U, 92)

Sowenig die Seele durch diese Verbindung mit der Materie materiellen Eigenschaften unterliegt, sowenig ist für Bruno die Materie im primären Sinne von stofflicher Präsenz. Sie ist nichts sinnlich Wahrnehmbares, sondern allein mit dem »Auge der Vernunft« (U, 85) erkennbar, denn »während sie sich ins Unendliche variiert und eine Form der anderen folgt, bleibt die Materie doch immer ein und dieselbe« (U, 85). Was ist aber dann unter der von Bruno bestimmten Materie im Sinne von Substrat und Vermögen zu verstehen?

Als Substrat (ital. soggetto bzw. lat. subiectum = das Unterworfene) der Natur ist die Materie analog dem Material eines Künstlers aufzufassen, denn so wie der Künstler eines Werkstoffes bedarf, um seine Gestaltungsidee verwirklichen zu können, d.h., einem formbaren Material Form zu verleihen, so bedarf auch die Natur eines Substrates, damit sie – im Unterschied zur Formgebung des Künstlers an einem vorgefundenen, äußerlich zu bearbeitenden Stoff – »aus dem Zentrum ihres Substrates oder ihrer Materie heraus, die noch völlig formlos ist« (U, 84), agieren kann. Diese innere Kunst macht das Wirken der Weltseele aus. Auch eignet dem Substrat der Natur keinerlei stoffliche Beschaffenheit oder Ausdehnung, ist es doch dasjenige, was erst eine jede körperliche Eigenschaft, Gestalt oder räumliche Dimension annehmen kann und daher frei von jeglicher spezifischen Bestimmung ein im steten Wechsel der Formen unveränderlich Zugrundeliegendes ist.

Aus diesem Grund ist die Materie zugleich als ein passives Vermögen zu denken, denn in ihr liegt die unerschöpfliche Möglichkeit, jede Form auszubilden, alles zu werden. Weil sie in dieser Weise alles zu sein vermag und ganz vom Formprinzip Seele durchdrungen beständig alles ist und wird, was überhaupt sein kann, bezeichnet Bruno sie als etwas Göttliches und rückt Materie- und Einheitsbegriff in engsten Zusammenhang.

Fragen wir – im Hinblick auf die Einheit – daher zunächst nach aktivem und passivem Vermögen. Diese können zwar unterschieden werden, setzen sich jedoch zugleich wechselseitig voraus, sofern »auf keinerlei Weise das eine ohne das andere ist« (U, 97), denn das Vermögen, etwas hervorzubringen, impliziert ein Vermögen, hervorgebracht werden zu können. Diese notwendige Beziehung von Sein und Seinkönnen, Wirklichsein und Möglichsein fällt in bezug auf das erste übernatürliche Prinzip zusammen.

»Betrachten wir nun das erste und vollkommene Prinzip, das alles ist, was es sein kann! Es würde nicht alles sein, wenn es nicht alles sein könnte; in ihm sind Möglichkeit und Wirklichkeit ein und dasselbe. [...] Das, was alles ist, was es sein kann, ist das Eine, das in seinem Sein jegliches Sein enthält. Es ist alles, was ist, und kann jedes beliebige andere sein, das ist und sein kann. [...] Also jegliches Vermögen und jegliche Wirklichkeit, die in dem ersten Prinzip gleichsam zusammengefaltet, vereinigt und eines ist [complicato, unito e uno], ist in den anderen Dingen auseinandergefaltet, zerstreut und vielfach [esplicato, disperso e moltiplicato].« (U, 98; CPU, 281 f.)

Mit dieser Bestimmung der absoluten Einheit, in der alles, was je sein kann, schon ist, in der also die absolute Möglichkeit und die absolute Wirklichkeit identisch sind, so daß das Eine in komplikativer Einfachheit (complicato) alles enthält, was in den Dingen im Modus der Vielgestaltigkeit ausgefaltet ist (esplicato), knüpft Bruno vor allem an die Metaphysik des Cusanus an, in der die Beziehungsstruktur von »complicatio« und »explicatio« zentrale Bedeutung für den Gottesbegriff hat.[22] Auf diese Begründungsfigur rekurrierend, ist für Bruno ein metaphysischer Erklärungsansatz des Verhältnisses von Einheit und Vielheit gegeben, mittels dessen sich zeigen läßt, wie die Mannigfaltigkeit der physischen Welt aus einem ersten Prinzip zu denken ist, wie sich diese Einheit in abbildhafter Weise im Universum entfaltet und in jedem einzelnen, wenngleich in kontrahierter, auf eine spezifische Seinsweise zusammengezogener Form, anwesend ist.

Hiermit ist aber nicht nur der Hiatus zwischen Gott und Welt aufgehoben, sondern gleichzeitig kann Bruno begründen, warum die Ausfaltung – das Universum – dieser in der Einheit ununterschiedenen unendlichen Wirklichkeit und Möglichkeit notwendig unendlich sein muß.

»Das Universum, welches das großartige Ebenbild und Abbild, die eingeborene Natur darstellt, ist ebenfalls alles, was es sein kann, weil die Arten und die hauptsächlichen Glieder in ihm sich gleichbleiben und es alle Materie enthält, zu der nichts hinzukommt und von der nichts an jeglicher Form verlorengeht. Doch es ist nicht alles, was es sein kann, da seine Unterschiede, Bestimmungen, Eigenheiten und Individuen erhalten bleiben. Daher ist das Universum nichts als ein Schatten der ersten Wirklichkeit und des ersten Vermögens, und insofern sind in ihm Vermögen und Wirklichkeit nicht absolut dasselbe [...]. Andererseits ist das Universum in dem besonderen oben bezeichneten Sinne [modo specifico] alles, was es sein kann, und zwar auf eine entfaltete, zerstreute und unterschiedene Weise. Sein Prinzip dagegen ist dies auf eine einheitliche und unterschiedslose Art, denn Alles ist Alles und ein und dasselbe auf absolut einfache Weise ohne allen Unterschied.« (U, 98 f.)

In diesem Einen fallen alle qualitativen und quantitativen Bestimmungen, alle Gegensätze zusammen. Es ist in jeder Hinsicht indefinit, unbegrenzte und unendliche Fülle und folglich »über jeden Vergleich erhaben« (U, 100), ein Absolutum fernab jeglicher Begreifbarkeit, denn, so Bruno wiederum in Rekurs auf Cusanus[23], »will die Vernunft verstehen, so muß sie sich eine begriffliche Vorstellung bilden, sich dieser ähnlich, kommensurabel und gleich machen« (U, 101). Das Eine aber ist absolut inkommensurabel.

Bleibt diese transzendierte, die Vernunft übersteigende übernatürliche Dimension des Einen der Erkenntnis entzogen, wie Bruno immer wieder unterstreicht, so läßt sich in Hinsicht auf die Immanenz des Einen die Materie als erstes Prinzip des Universums bestimmen, sofern sie »aufgrund der Ähnlichkeit mit dem vorher genannten sich als absolutes Vermögen und absolute Wirklichkeit auffassen läßt« (U, 103). Weil in der Materie in gewissem Sinne Möglichkeit und Wirklichkeit dasselbe sind, sie im permanenten Wechsel der Erzeugungen »zu allem werden und jegliche Form annehmen kann« (U, 111), gleicht sie nämlich dem »Alles in Allem Seienden« (U, 111).

In der Aufwertung des Materieprinzips bzw. der Betonung einer letztendlich substantiellen Einheit von Materie und Seele, einer Substanz, die körperlichen wie unkörperlichen Dingen zugrunde liegt, setzt Bruno insbesondere dem Materieverständnis der peripatetischen Tradition, wie es der Pedant in schulmeisterlicher Manier vorzubringen nicht müde wird, etwas entgegen.[24] Die Materie an sich ist eben kein bloß der Form entbehrendes Substrat; sondern ihr Vermögen, alles zu werden, jegliche Form auszubilden, ist in gewisser Weise immer schon Wirklichkeit. Weil sie alle Maße, Arten, Gestalten, Dimensionen besitzt, zeigt sie keine, denn dem, »was alles ist, kommt es zu, jedes einzelne Sein auszuschließen« (U, 117). Wie ein fruchtbarer formenschwangerer Schoß (seno) gebiert sie alles aus sich.[25]

»Da sie also dasjenige entwickelt, was sie unentwickelt in sich birgt, muß man die Materie als etwas Göttliches bezeichnen, auch als gütigste Urmutter, Erzeugerin und Gebärerin der natürlichen Dinge, ja als die ganze Natur selbst, soweit diese Substanz ist.« (U, 124)

Gemäß dieser Definition der Materie bzw. einen Substanz der gesamten Natur ist die Brunosche Philosophie nicht zu Unrecht als Pantheismus oder Hylozoismus klassifiziert worden.[26]

Gleichwohl darf dabei nicht übersehen werden, daß Brunos Begriff einer einheitlichen ersten Substanz – der allbeseelten Materie als Prinzip – stets die Immanenz der göttlichen Einheit in allem begründet, wobei die dialektische Struktur des Einheitsbegriffs aber ebenso eine transzendente, über die Natur hinausstrebende Perspektive eröffnet.[27] Zwar ist das absolute Eine selbst kein Erkenntnisgegenstand naturphilosophischen Wissens, daher nicht mit dem natürlichen, sondern allein mit dem übernatürlichen Licht (vgl. CPU, 308) zu erfassen. Bruno trennt strikt zwischen Wissen und Glauben, ohne die Existenz eines Gottes außerhalb der infiniten Welt und der unendlich vielen Dinge (vgl. CPU, 309) bestreiten zu wollen. Allerdings ist dieses übernatürliche Wesen der Gottheit, von dem eingangs bereits die Rede war und das in der Brunoschen Philosophie durchaus eine systematische Begründungsfunktion hat, nicht im christlichen Sinne eines extraterrestrischen Schöpfergottes zu verstehen, läßt doch die Lehre eines unendlichen Universums keinen solchen göttlichen Außenstandpunkt zu. Vielmehr transzendiert Bruno gewissermaßen die immanente Einheit von allem[28], indem er auf eine allem vorausgehende, absolut uneinholbare und in dieser Weise außerhalb von allem liegende unendlich entfernte Einheit verweist. Ähnlich der Metaphysik des Cusanus erfährt der Transzendenzgedanke einen Bedeutungswandel, so daß man auch im Hinblick auf Brunos metaphysischen Ansatz sagen könnte: »Transzendenz ist ein Modus der Negierung theoretischer Endgültigkeit.«[29]

Die philosophische Naturbetrachtung fragt allein nach dem vermittels des natürlichen Lichtes aus der physischen Wirklichkeit erkennbaren Einheitsprinzip: »Ihr könnt Euch von hier zwar nicht zum Begriff jenes höchsten und besten Prinzips erheben, das sich unserer Betrachtung entzieht, wohl aber zum Begriff der Weltseele, [um zu erkennen,] wie sie die Verwirklichung von allem, das Vermögen von allem und ganz in allem ist, so daß zuletzt – vorausgesetzt, es gebe unzählige Individuen – alles eines ist. Die Erkenntnis dieser Einheit ist Ziel und Zweck aller Philosophie und Naturbetrachtung.« (U, 121)

Dieses erste Prinzip der physischen Dinge entfaltet sich in der Einheit des unendlichen Universums, dem Ebenbild der komplikativen Einheit. Auch das Universum ist daher als Explikation der allumfassenden Fülle alles, was es sein kann. Es ist die unterschiedslose Einheit von unendlicher Wirklichkeit und unendlichem Vermögen in der Entfaltung, denn »es hat schon selbst alles Sein« (U, 130).

Alle Unterschiedenheiten, die an den körperlichen Dingen im Universum wahrnehmbar sind, etwa hinsichtlich qualitativer oder quantitativer Beschaffenheit, sind daher nichts als »das wechselnde Antlitz ein und derselben Substanz« (U, 137). Während in der einen Substanz alle möglichen Seinsweisen der Dinge ungeschieden eines sind – wie im Samen eines Lebewesens zusammengeballt –, zeigt die Ausdifferenzierung in der körperlichen Verwirklichung zwar spezifische Ausformungen der Glieder und Funktionen, doch tritt die aus der Einheit entwickelte Vielheit damit nicht in ein anderes substantielles Sein über. Vielmehr sind alle Grade der aus der samenhaften Einheit hervorgegangenen individuellen Konkretionen modal verschiedene Erscheinungsweisen einer unveränderlichen Substanz und besitzen deshalb kein anderes Sein, sondern zeigen das Eine, die ursprüngliche und universale Substanz, »die in allem dieselbe ist und als das Wesen, als das Fundament aller verschiedenen Gattungen und Formen bezeichnet wird« (U, 138) in der unendlichen Variationsbreite der Zustandsformen des Seienden.

Das Verhältnis des komplikativ allumschließenden Einen zur explikativ die unendliche Mannigfaltigkeit des Seienden umfassenden Einheit des Universums ist nicht im Sinne eines Umschlages von einem Sein in ein anderes zu verstehen. Für Bruno ist das Universum die eine Substanz im Modus mannigfaltigster Vielförmigkeit, »moltimodo e moltiforme e moltifigurato« (CPU, 323), wobei die »Substanz immer dieselbe bleibt, weil sie nur Eine ist: das unsterbliche göttliche Wesen« (U, 135).

Richten wir den Blick nicht auf einzelne Erscheinungen innerhalb des unermeßlichen, unbegrenzten Weltalls, nicht auf Teile im Unendlichen, sondern auf das Unendliche im Sinne der Alleinheit. Wenn auch nicht an jedem einzelnen Ort, so ist doch an unterschiedlichen Orten im Zuge des permanenten Gestaltwechsels innerhalb des Ganzen immer alles, was sein kann, auch wirklich. Deshalb gilt für das Universum insgesamt, daß alle Unterscheidungen, die der endliche Verstand trifft, im Hinblick auf dieses unermeßliche Eine, hinfällig werden. Es ist – so Bruno – »Eins, unendlich und unbeweglich« (U, 130), es ist das Unbeschränkte und Unbeschränkbare. Weder kann ihm räumliche Bewegung, Werden und Vergehen, Wechsel der Beschaffenheit, Zu- oder Abnahme etc. zugeschrieben werden, noch ist es in Kategorien räumlicher oder zeitlicher Erstreckung zu ermessen. »Es läßt sich nicht vergleichen, denn es ist nicht eins und ein anderes, sondern ein und dasselbe.« (U, 131)

Mit diesem Satz klingt eine wichtige erkenntniskritische Überlegung Brunos an. In Anknüpfung an Cusanus, für den jedes diskursive Wissen ein Vergleichen oder Messen ist[30], betont auch Bruno, daß die Vernunft sich den Dingen angleicht, sich kommensurabel macht. Wenn jegliches Verstandeserkennen auf Unterscheidung und Vergleich beruht, indem etwas zu einem anderen in ein Verhältnis gesetzt wird, es sich also um definite Gegenstände handelt, muß diese Weise des Relationen setzenden Erkennens zwangsläufig am indefiniten All scheitern, in dem jede Unterscheidbarkeit wegfällt: »An ein Größenverhältnis des Unendlichen, an eine Ähnlichkeit, eine Vereinigung oder Identität mit ihm reichst du als Mensch nicht *mehr* heran denn als Ameise.« (U, 132)

Deshalb kann man zwar von Teilen *im* Unendlichen sprechen, aber nicht von Teilen *des* Universums. (Vgl. U, 134) Jegliche relationale Bestimmung ist aufgehoben in diesem unermeßlichen, ununterschiedenen und daher unvergleichlichen Einen: »questa unità e indifferenza de la constante natura ed essere« (CPU, 325). Weder gibt es einen Mittelpunkt im noch eine Peripherie des Unendlichen, was ja wiederum fixierbare Abstandsverhältnisse voraussetzen würde. Vielmehr sind im Unendlichen Peripherie und Mittelpunkt überall. Es gibt keine ausgezeichneten Punkte, weil das Eine in allem und alles in dem Einen ist. Wenn wir daher von einem Zentrum des Universums sprechen wollen, so ist dies ein metaphysisches, es ist die göttliche Einheit selbst.

»Und so ist es nicht aus der Luft gegriffen, wenn man gesagt hat, daß Jupiter alles Seiende erfüllt, in allen Teilen des Universums wohnt und der Mittelpunkt von allem ist, was Sein hat, als das Eine in allem und als der, durch den alles Eines ist. Indem er alles ist und alles Sein in sich faßt, bewirkt er, daß ein jegliches Ding in jeglichem Ding ist.« (U, 133)

Im unendlichen Universum gilt die absolute Ubiquität des Einen, denn sofern alles beseelt ist, die Weltseele ganz im Ganzen und ganz in jedem beliebigen Teil ist, umfaßt jedes individuell Seiende in sich das, was alles in allem ist, enthält es, wenn auch auf je spezifisch eingeschränkte Weise, potentiell die ganze Weltseele.

Wie aber läßt sich dieses unendliche Eine als die eine Substanz des einen unendlichen Universums begreifen? Kommen wir nochmals zur erkenntnistheoretischen Problematik der Unendlichkeitsspekulation. Bruno legt abschließend in vier Punkten dar, worin das »fondamento solidissimo de le veritadi e secreti di natura« (äußerst solide Fundament der Wahrheit und Geheimnisse der Natur) bzw. der Kern seiner »importantissima scienza« (CPU, 329) besteht.

Erstens erweist er die bereits als ontologische Beziehungsstruktur vorgestellte Ein- und Ausfaltungsstruktur im Verhältnis von Einheit und Vielheit nun in der Umkehrung als Erkenntnisstruktur: »Zuerst also beachtet, daß es ein und dieselbe Stufenleiter ist, auf der die Natur bis zur Hervorbringung des Seienden herabsteigt und auf der die Vernunft zu dessen Erkenntnis emporsteigt, und daß sich beide von der Einheit zur Einheit begeben, indem sie dabei die Vielheit der Mittelglieder überwinden.« (U, 139)

Erkenntnis ist somit zweitens ein Akt der Vereinfachung, der dabei vorzugsweise auf mathematische oder geometrische Modelle zurückgreift, um in Analogie hierzu auf ein unteilbares erstes Prinzip zu schließen: »Glaube mir, derjenige wäre der gründlichste und vollkommenste Geometer, der alle in den *Elementen* des Euklid verstreuten Lehrsätze in einem einzigen zusammenfassen könnte, wie derjenige der vollkommenste Logiker wäre, dem es gelänge, alle Gedanken auf einen einzigen zurückzuführen [...]. Indem wir also zur vollkommenen Erkenntnis aufsteigen, vereinfachen wir die Vielheit; wie andererseits die Einheit, indem sie zur Hervorbringung der Dinge herabsteigt, sich vervielfacht.« (U, 142)

Drittens ist aber zu berücksichtigen, daß die Entfaltungsstruktur der arithmetischen Zahlenreihe oder die geometrische Dimensionsfolge, wenn sie zur Erklärung des Übergangs der Einheit in die Vielheit bzw. räumliche Dimensionalität herangezogen werden, lediglich in Analogie zur unteilbaren Einheit als Substanz von allem zu verstehen sind, weil »das Maß und die Zahl selbst nicht Substanz, sondern nur *an* der Substanz sind, und nicht Sein, sondern nur *am* Sein« (U, 143).

Viertens schließlich sucht Bruno anhand geometrischer Demonstrationen begreiflich zu machen, daß alles Eines ist, alle Gegensätze in diesem Einen zusammenfallen, so daß Minimum und Maximum ununterschieden sind[31] und daß dieses Eine in allem ist. Alle Unterschiede zwischen einzelnem und Ganzen, unendlicher Einheit und unendlicher Vielheit heben sich auf. Wenn man sich beispielsweise einen Kreis vorstellt, dessen Kreisbogen sich bei zunehmender Kreisgröße immer mehr der Gerade annähert, so wird bei einem unendlich großen Kreisbogen (Maximum) der Gegensatz von Geradem und Gekrümmtem letztendlich in der Unterschiedslosigkeit aufgehoben. Ebenso werden der unendlich kleine Kreisbogen (Minimum) und die Sehne nicht mehr zu unterscheiden sein. (Vgl. U, 144)[32] Zum Erweis einer solchen Ununterschiedenheit von Minimum und Maximum geht Bruno in Rekurs auf die Metaphysik des Cusanus von anschaulichen geometrischen Modellen aus, um im Übersteigen dieser definierten bzw. finiten Formen auf die Auflösung jeglicher Unterschiedenheit im Unendlichen zu führen.[33] Diesen Zusammenfall jeglicher Gegensätze im Einen wenigstens annäherungsweise zu begreifen und damit die Einheit von Sein und Denken ist – so Bruno – das höchste Ziel der Philosophie.

»Wer also die tiefsten Geheimnisse der Natur ergründen will, beobachte und betrachte die Minima und die Maxima des Entgegengesetzten und Widerstreitenden. Es ist eine tiefe Magie, das Entgegengesetzte hervorrufen zu können, wenn man einmal den Punkt der Vereinigung gefunden hat.« (U, 149)

Über das Unendliche, das Universum und die Welten (De l'infinito, universo e mondi)

Mit der philosophischen Grundlegung der Einheitsmetaphysik, die Giordano Bruno in der Schrift *Über die Ursache* vorgelegt hat, ist ein erster Grundriß seines philosophischen Gesamtentwurfes gegeben. Es wird sich zeigen, daß die in den Folgeschriften verfolgten Argumentationslinien in logischer Fortführung dieses einheitsmetaphysischen Ansatzes zu lesen sind, der gewissermaßen die Keimzelle der Brunoschen Philosophie bildet, aus der alle weiteren Ausführungen – so zumindest Brunos Anspruch – erwachsen. Die Samenmetaphorik, die wir bereits in Analogie zur ontologischen Entfaltung des Einen kennengelernt haben, findet daher in der Einleitung zu seiner Abhandlung *Über das Unendliche* nicht zufällig Anwendung. Sie soll den Stellenwert der vorausgegangenen metaphysischen Grundlagenschrift unterstreichen, in der die Voraussetzungen der Brunoschen Philosophie in nuce angelegt sind.

»Noch viel mehr sind der würdigen und löblichen Früchte, die von diesen Bäumen gepflückt werden, und viele mehr der kostbaren und begehrenswerten Ernten, die aus den hier verstreuten Samen heimgebracht werden können. [...] wir [...] überlassen es dem Urteil derer, die begreifen und urteilen können, es zu erfassen. Sie werden mit Leichtigkeit von sich aus auf den hier gelegten Fundamenten das gesamte Gebäude unserer Philosophie errichten können; dessen Teile [...] wir zur heißersehnten Vollkommenheit führen werden, damit das, was in den Dialogen *Über die Ursache, das Prinzip und das Eine* gesät worden ist, durch andere Werke keimen möge, durch wiedere andere wachsen, durch noch andere reifen, durch weitere in einer selten üppigen Ernte uns bereichern« (UN, 26 f.).

Wenden wir uns nun den Dialogen *Über das Unendliche* zu. Bruno tritt wieder in die Diskussion seiner bereits im *Aschermittwochsmahl* in den Hauptzügen entworfenen Lehre vom unendlichen All unzähliger Welten ein.

Unmittelbar mit der Frage »Wie kann denn das Universum unendlich sein?« bzw. der Gegenfrage »Wie kann denn das Universum endlich sein?« (UN, 33) läßt Bruno ein Gespräch zwischen dem bemühten Schüler Elpino, dem Gelehrten Fracastorio[34], der pedantischen Eselnatur Burchio und wiederum der Figur des Filoteo seinen Anfang nehmen. Diskutiert werden zunächst die erkenntnistheoretischen Prämissen, besonders die Frage nach dem Status der Sinneswahrnehmung, bevor der Beweis des Unendlichkeitspostulates die Wechselrede bestimmt.

Wie aber läßt sich eine solche Beweisführung antreten, wenn die Sinneserfahrung, ob wir sie nun direkt zur Richtinstanz erheben oder doch wenigstens als erkenntnisleitende Voraussetzung betrachten, offenbar keine Grundlage liefert, auf die Unendlichkeit des Alls zu schließen? (Vgl. UN, 34) Wie bereits im Werk *Über die Ursache* formuliert, kann das Unendliche kein sinnlich erfaßbarer Gegenstand sein, was nicht zuletzt am trügerischen Charakter des bloßen Augenscheins liegt, denn weil der Gesichtskreis beschränkt ist, konstituiert sich im Sehvorgang ein jeweils begrenzter Horizont, eine Illusion von Endlichkeit. Ausdrücklich betont Bruno mit diesem Gesprächsauftakt, daß sich seine Kosmologie wie seine naturphilosophischen Erklärungsansätze nicht etwa primär auf Erfahrungswissen, d.h. die Beobachtung natürlicher Phänomene stützen. Vielmehr erstreckt sich der Geltungsbereich der Sinneserkenntnis ausschließlich auf die sinnliche Präsenz der Dinge; allein hierüber kann sie Zeugnis ablegen, wobei Bruno jedoch den Verdacht hegt, daß der Verstand an diesem Urteil stets beteiligt ist. Als solche ist die Sinneswahrnehmung aufgrund ihrer »inconstanza« jedoch kein »principio di certezza« (INF, 347). Sie kann lediglich in Verbindung mit dem vergleichenden, Relationen setzenden diskursiven Verstand, d.h. »per certa comparazione e conferenza« (INF, 347), auf den Weg zur Erkenntnisgewißheit führen. Wenn man nämlich, wie Bruno mit Bezug auf Lukrez zeigt[35], in Betracht zieht, daß die Sinne zwar stets begrenzte Dinge wahrnehmen, man dies bedenkend aber feststellen kann, wie eines vom anderen umfaßt wird, sich immer eines an das andere fügt ohne eine abschließende äußere Umgrenzung, dann belegt gerade die sinnliche Erfahrung doch vielmehr die Unendlichkeit des Raumes als dessen Begrenztheit.

In diesen Überlegungen Brunos artikuliert sich ein erkenntniskritischer Ansatz, der für das Verständnis der nachfolgenden Argumentationsführung maßgeblich ist. Den Sinneseindrücken muß schon ein Vernunftvermögen vorausgesetzt werden, das letztendlich durch die Partizipation aller beseelten Wesen am göttlichen Intellekt gewährleistet ist.[36] Deshalb nimmt die Wahrheit von der Sinneswahrnehmung nur in ganz schwachem Sinne ihren Ausgang, sie ist in dem sinnlichen Gegenstand wie in einem Spiegel gegenwärtig, im Verstand in der Weise der Argumentation und der diskursiven Rede, im Intellekt im Modus von Grundsatz oder Schlußfolgerung, in eigentlicher und lebendiger Form aber im Geist. (Vgl. INF, 370) Die These der Unendlichkeit des Universums ist somit, eingedenk der metaphysischen Einheitslehre, als notwendiges, weil folgerichtiges Resultat vernunftgemäßer Überlegung aus dem Einheitsbegriff selbst zu erweisen.

Bruno nimmt den Beweisgang auf, indem er Argumente und Lehrsätze aristotelischer Schultradition einzeln aufgreift, auf ihre Stichhaltigkeit überprüft und entweder ob ihrer Fehlschlüsse als unzureichend entlarvt oder aber über eine Rekonstruktion des Begründungszusammenhanges zu zeigen versucht, daß sie in letzter Konsequenz zu unauflösbaren Problemen führen. Vor dem Hintergrund dieser kritischen Auseinandersetzung mit der Aristotelischen Naturphilosophie erweist Bruno im Gegenzug anhand eines Kataloges von Gegenargumenten Schritt für Schritt die behauptete Überlegenheit seiner Theorie.

Verfolgen wir nun, exemplarisch für diese Vorgehensweise, anhand des ersten Dialoges dieser Schrift, wie Bruno den von Aristoteles in der *Physik* definierten Begriff des Ortes als unzureichend und in bezug auf die Vorstellung eines endlichen Weltalls sogar als unhaltbar zurückweist. Mit diesem folgenschweren Gedankenexperiment, das Filoteo als Repräsentant Brunos vorführt, beginnt eine fortschreitende Destruktion der Aristotelischen Lehre.

Nimmt man einmal an, die Welt sei endlich und außerhalb ihrer befinde sich nichts, dann muß sich nach Brunos Auffassung, ausgehend vom Aristotelischen Begriff des Ortes, wonach der Ort bestimmt ist als die Grenze des umfassenden Körpers[37], die Frage stellen, wo sich diese endliche Welt, dieses finite Universum befindet. Wenn für Aristoteles nur der Körper an einem Ort ist, der durch einen äußeren umfaßt wird[38], resultiert daraus, daß »das, was in keinem enthaltenden Körper ist, keinen Ort« (UN, 35) hat. Die endliche Welt aber, vorausgesetzt, sie wird von nichts umfaßt, ist dann zwangsläufig nirgends, woraus folgt, »daß sie kein Sein hat« (UN, 7). Allerdings betont Aristoteles in der *Physik*, daß die Ortsbestimmung dem Weltganzen in akzidentieller Weise zukommt[39], sofern es nämlich Teile enthält, die allesamt einen Ort besitzen, d.h., von der äußersten Himmelssphäre begrenzend umfaßt werden.[40] Einzig das Weltall als Ganzes betrachtet besitzt kein weiteres Umfassendes, denn nach Aristoteles ist in dem Weltall alles und nichts außerhalb, das Weltall ist das Ganze.[41] Das All ist also, wie Bruno interpretiert, »in se stesso« (INF, 370), hat seinen Ort als in sich selbst Ruhendes, und eben an dieser These entzündet sich seine Kritik.

Wenn nämlich der Ort als die Oberfläche eines umfassenden Körpers definiert wird, dann trifft diese Definition auf die äußerste Himmelssphäre des Aristotelischen Weltalls am wenigsten zu, denn während alle anderen Sphären innerhalb dieses Kugelschalenkosmos von der jeweils übergeordneten Sphäre umfaßt werden, gilt dies für die abschließende Sphäre nicht. Wie kann aber von einer Oberfläche (»superficie«), einem begrenzenden Rand

(»margine») oder einer abschließenden Außenseite (»estremità«) die Rede sein (vgl. INF, 371), ohne daß diese selbst entweder durch einen Körper oder den leeren Raum umfaßt würde? Gibt es nichts außerhalb ihrer, kein Umfassendes, dann haben wir es mit einem »Ort ohne Ortsbestimmung« (UN, 37) zu tun.

Nicht minder widersprüchlich erscheint Bruno die Aristotelische These, das geschlossene Weltall werde von Gott umfangen, außerhalb der Welt sei ein geistiges, göttliches Wesen (vgl. INF, 371) und Gott damit der Ort aller Dinge.[42] Nach dem Brunoschen Verständnis ist hiermit keinerlei Lösung der Probleme um die Ortsbestimmung einer endlichen Welt erzielt, sondern nun die Verlegenheit entstanden, »uns verständlich zu machen, wie etwas Unkörperliches, Intelligibles und Ausdehnungsloses zum Ort für Ausgedehntes werden kann« (UN, 35). Aus dem Aristotelischen Modell ergibt sich für Bruno zwangsläufig, daß »wenn man die Welt endlich setzt, nicht vermeiden kann, auch das Leere anzunehmen« (UN, 9).

Von dieser Vorstellung eines leeren Raumes geht Bruno nun dramaturgisch geschickt über zur Einführung seiner Theorie eines unendlichen Raumes unzähliger Welten.

Einmal angenommen, daß die endliche Welt sich in einem unendlichen, grenzenlosen Raum befindet, wodurch sollte bewiesen werden, so Brunos Frage, daß »derjenige Raum, der die Welt enthält, größere Tauglichkeit [maggiore aptitudine] hat, eine Welt zu enthalten, als anderer Raum jenseits desselben« (UN, 38)? Läßt sich hierfür keine Begründung anführen, was spricht dann dagegen, daß der unendliche leere Raum außerhalb dieser Welt nicht zumindest der Möglichkeit nach ebenso andere Welten in unzähligen Räumen aufnehmen kann? Diese Annahme gilt es nicht nur vernunftgemäß, sondern mit Notwendigkeit zu bestätigen. (Vgl. INF, 376) Indem Bruno zwei zusätzliche Momente einführt, nämlich erstens, daß es gut ist, daß diese Welt existiert, und zweitens gut ist, daß der in seiner Ausdehnung der Welt entsprechende Raum ganz erfüllt ist (vgl. INF, 376), folgert er aus der Vollkommenheit des diese Welt enthaltenden Raumes die Vollkommenheit des gesamten unendlichen Raumes: »folglich hat das Universum unendliche Ausdehnung und der Welten sind unzählige« (UN, 40). Durch die Einführung eines Raumbegriffes[43], der als reines Aufnahmevermögen gewissermaßen Bedingung der Verwirklichung jedweden körperlichen, dimensionierten Seins ist, in Verbindung mit der Kategorie der Gutheit (bontà), steht die gesamte Diskussion unter veränderten Vorzeichen. Es ist der entscheidende Schritt getan, die Unendlichkeit des Universums aus der unendlichen Güte Gottes zu begründen. »Denn wo das endliche Gute aus Billigkeit und Vernunft gut ist, ist es das Unendliche aus absoluter Notwendigkeit.« (UN, 41) Die Argumentation für das unendliche All läßt sich nun als notwendige Konsequenz aus dem zugrundegelegten Einheits- oder Gottesbegriff erweisen.

»Oder was steht dem entgegen, daß das Unendliche, das im schlechthin einfachen und unteilbaren ersten Prinzip eingefaltet ist [implicato], nicht vielmehr in diesem seinem unendlichen und unbegrenzten Abbild ausgefaltet werde [esplicato], durchaus fähig der Aufnahme unzähliger Welten« (UN, 41).

Wiederum über die Struktur von Implikation und Explikation erklärt Bruno die Ausfaltung des Einen respektive des »infinito incorporeo« (unkörperlichen Unendlichen) in der körperhaften Manifestation eines »corporeo infinito« (INF, 376). Das unendliche All ist lebendige Repräsentation der Natur und der Würde nicht nur des schaffenden Prinzips, sondern ebenso des Geschaffenen. Kann doch die unendliche Wirkmacht des Schöpfers, die »divina efficacia« (INF, 351), nicht müßig oder gar neidisch sein, d.h., der Schöpfer nicht in defizienter, seine unendliche Wirkung nicht ausschöpfender Weise wirksam werden. (Vgl. INF, 378) Vielmehr manifestiert sich die »eccellenza infinita« (INF, 377) auf unvergleichliche Weise in unzähligen Lebewesen innerhalb eines unendlichen Raumes von infiniter Aufnahmefähigkeit.

»Darum ist es erforderlich, daß von einem unerreichten göttlichen Angesicht ein unendliches Abbild sei, in welchem sich dann als unzählige Teile unzählige Welten [...] befinden. Darum muß es aufgrund unzähliger Grade der Vollkommenheit, welche bestimmt sind, die unkörperliche göttliche Vortrefflichkeit in körperlicher Weise zu entfalten, unzählige Einzelwesen geben, welche die großen Lebewesen sind [...], zur Aufnahme dieser unzählig vielen ist ein unendlicher Raum erforderlich.« (UN, 42)

Weil also die göttliche Einheit unendlich ist, kann sie sich am angemessensten (»convenientissimo«)[44] in einem in jeder Hinsicht unendlich ausgedehnten Raum, dem unendlich mannigfaltigen All unzähliger Modi des Seienden offenbaren. Sofern das erste Prinzip unendliche Güte ist, muß die Selbstentfaltung desselben notwendigerweise vorbehaltlos gut sein, d.h. ohne jede Einschränkung unendlich. Freiheit, Wille und Notwendigkeit dieses unwandelbaren Einen sind nämlich nach Bruno identisch, daher hat das göttliche Handeln nichts Zufälliges (vgl. INF, 383), es ist notwendigerweise gut.

Für Bruno wirft der in der Scholastik vieldiskutierte Kontingenzbeweis, wonach die endliche Schöpfung, sofern sie ohne Notwendigkeit existiert, auf eine absolut notwendige Ursache schließen läßt, massive Probleme auf. Wenn Gott allmächtig ist, weshalb sollte er dann ein bloß endliches Abbild seines unendlichen Vermögens schaffen? (Vgl. UN, 47) Spricht man aber der Schöpfung die Vollkommenheit ab, so fällt dies, da Sein und

Tun in Gott dasselbe sind, auf die göttliche Vollkommenheit zurück. Die Annahme einer begrenzten Schöpfung hebt die unbegrenzte Macht und Güte Gottes auf. Von unendlicher, neidloser Güte[45] kann also nur dann die Rede sein, wenn sie sich in unendlicher Weise mitteilt.

»Warum wollen oder können wir denken, daß die göttliche Wirkungskraft müßig sei? Warum wollen wir sagen, daß die göttliche Gutheit, die sich den unendlichen Dingen mitteilen und unendlich ausbreiten kann, dürftig sein und sich in ein Nichts zusammenziehen wollte, da doch alles Endliche angesichts des Unendlichen ein Nichts ist? Warum wollt Ihr, daß jener Mittelpunkt der Gottheit, der sich zu einer – wenn man so sagen könnte – unendlichen Kugel unendlich erweitern kann, als wäre er neidisch, eher unfruchtbar sei, als daß er mitteilbar werde [...]? Warum soll die unendliche Aufnahmefähigkeit ohne Erfüllung bleiben, die Möglichkeit unendlicher Welten, die sein können, hintertrieben und die Vortrefflichkeit des göttlichen Bildes herabgesetzt werden«? (UN, 45)

Nachdem nun wesentliche Elemente des Brunoschen Beweisgangs hervorgetreten sind, bleibt zu klären, ob sich das unendliche All überhaupt noch von der unendlichen Einheit unterscheiden läßt oder ob aufgrund der absoluten Immanenz des Einen in allem Gott und Universum in der Verschränkung ineinander aufgehen. Fernab der heftig kritisierten Auffassung eines die Welt äußerlich umfassenden Gottes betont Bruno die zumindest in modaler Hinsicht bestehende, logisch zu differenzierende Seinsweise Gottes im Verhältnis zu der seiner unendlichen Ausfaltung. Gott ist in gewisser Weise eine »unbegrenzte Grenze von Unbegrenztem« (UN, 46). Mit dieser zunächst paradox anmutenden Formulierung differenziert Bruno zwischen dem Modus göttlicher Unendlichkeit, die in komplikativer Weise infinit ist, und dem Modus einer explikativen, nicht allumfassenden Unendlichkeit des Universums. Zwar ist das Universum »tutto in tutto« (INF, 381), ganz im Ganzen, ohne etwas außerhalb Befindliches, aber es ist nicht in allumfassender Weise unendlich, sofern die unzähligen Welten und Glieder je endlich sind, denn aufgrund der räumlichen Ausdehnung ist jedes körperliche Seiende spezifische Ausformung der zugrundeliegenden infiniten Möglichkeit, auf ein bestimmtes Sein kontrahierte Konkretion. Während das Universum also im Ganzen infinit ist, nicht aber in allen seinen (endlichen) Teilen, fällt dieser Unterschied in Gott weg, denn die absolute Einheit ist alles auf einmal in unterschiedslosem, raum- und zeitlosem Zugleich: »in allumfassender Weise ganz in allem [tutto in tutto totalmente] und ganz in allem das Unendliche und in allumfassender Weise unendlich [tutto in tutto l'infinito e totalmente infinito]« (UN, 46).[46]

Hinfällig wird für Bruno unter diesen Voraussetzungen nicht nur die von Aristoteles behauptete Begrenztheit des Weltalls, sondern gleichermaßen die Aristotelische Bewegungslehre, deren Grundannahmen hier kurz in Erinnerung gerufen seien, um daraufhin die Brunoschen Gegenargumente summarisch vorzustellen.

Wie Aristoteles in seiner Schrift *Vom Himmel* zu beweisen versucht, kann es weder einen unbegrenzten Weltkörper noch eine Vielheit von Welten geben, sondern allein einen ewigen kugelförmigen Kosmos. Jenseits dieses Weltganzen ist der göttliche unbewegte Beweger anzunehmen[47], der die äußerste, gottähnlichste Himmelssphäre in Bewegung versetzt und damit dem gesamten, aus unvergänglichem Äther bestehenden Himmel Sein, Leben und Bewegung verleiht. In Nachahmung der Vollkommenheit des unbewegten Bewegers verläuft die immerwährende Himmelsbewegung in idealen Kreisbahnen, wobei die Gestirne, während sie als solche unbewegt sind, von der Kreisbewegung der jeweiligen Himmelssphären mitgeführt werden. Der sublunare Bereich dagegen ist nach Aristoteles durch die Gegenläufigkeit auf- und abwärtsgerichteter, linearer Bewegungsabläufe gekennzeichnet, bedingt durch Schwere und Leichtigkeit, die in der Natur der vier Elemente liegen, aus denen sich alle körperlichen Dinge konstituieren.

Bruno weist das Aristotelische Kugelschalenmodell mitsamt einem äußeren Beweger entschieden zurück, erklärt die Vorstellung einer architektonisch festgefügten Ordnung und Stufenleiter der Natur für ein Hirngespinst. Vielmehr ist das Weltall absolut infinit, weil »ebenso, wie wahrhaft ein unteilbares, schlechthin einfaches Unendliches ist, auch ein unendlich ausgedehntes Unendliches ist, das im ersteren ist, wie dieses in ihm« (UN, 58). Das heißt, das unendliche Universum, das von den darin enthaltenen Welten zu unterscheiden ist, unterliegt als infinite Ganzheit aufgrund der Allgegenwärtigkeit des Einen keiner Veränderung, ist unbeweglich, ohne Gestalt und Grenze, ohne zeitliche und räumliche Bestimmung. Es ist in extensiver wie intensiver Weise ein und alles, absolute Möglichkeit und Wirklichkeit zugleich. Dieses kontinuierliche, bewegungslose All ist ein allumfassendes, ganz von der Weltseele erfülltes Lebewesen (vgl. INF, 431), das in sich unzählige, beseelte Welten, lebendige, selbstbewegte Körper birgt. Jedes der Lebewesen innerhalb des Universums besitzt nämlich vermöge der Allbeseelung ein inneres Prinzip des Lebens und der Bewegung. So werden die unzähligen Weltkörper oder Gestirne nicht vermittels eines äußeren Bewegers, sondern jeder dieser Organismen, der in sich wiederum unendlich viele lebendige Glieder umfaßt, wird »von seinem eigenen ihm innewohnenden Prinzip, von seiner eigenen Seele und Natur angetrieben« (UN, 92 f.).

Weil es innerhalb des unendlichen Raumes keine absolute Mitte oder Peripherie, keine Schwere und Leichtigkeit, kein

Oben und Unten geben kann und damit jegliche Positionsbestimmung von relativem, standortbezogenem Charakter ist, »können wir die Bewegung nur durch Vergleich mit und Bezug auf einen feststehenden Gegenstand wahrnehmen« (UN, 104). Würde sich also beispielsweise jemand auf dem Mond befinden, müßte ihm dieser als ruhendes Zentrum innerhalb eines Systems umkreisender Gestirne vorkommen. (Vgl. UN, 68) Vielmehr bewegen sich alle Gestirne auf natürliche Weise kreisförmig[48] (wenn auch nach Bruno nicht in geometrisch exakten Bahnen), so daß je nach Sichtweise jeder Himmelskörper zugleich umkreisender sein kann wie Mittelpunkt. Diese permanente Bewegung aller Körper vollzieht sich innerhalb des unendlichen Raumes, des unermeßlichen Äthergefildes, d.h. eines ganz von lebendigem Äther (spiritus) durchdrungenen Schoßes des Lebendigen. Mittels dieser Äthertheorie, mit der Bruno in modifizierter Form etwa auf die stoische Pneumalehre bzw. neuplatonische Spiritus-Theorien rekurriert, entgeht er der Annahme eines Leeren (Vakuums) im Sinne von Nichtseiendem und setzt zugleich eine quasi stoffliche geistige Substanz, die die Beweglichkeit der diskreten, endlichen körperhaften Teile ebenso garantieren soll wie die Homogenität des gesamten Alls.

»Der Himmel also, das unermeßliche Äthermeer, obzwar ein Teil des unendlichen Alls, ist er doch weder eine Welt noch ein Teil von Welten, sondern der Schoß, das Gefäß, das Gefilde, in welchem diese leben und weben, untereinander in Wechselwirkung treten, ihre Bewohner, Menschen und Tiere zeugen und ernähren und mit ihren bestimmten Dispositionen und Ordnungen der höheren Natur dienstbar sind, das Angesicht des Einen Seienden in unzähligen wechselnden Trägern darstellen.« (ZW, 111)

In Analogie zu Anatomie, Morphologie und lebenserhaltendem Stoffwechsel körperlicher Lebewesen ist für Bruno jedes

Gestirn gleichsam ein aus eigenem Selbsterhaltungstrieb bewegter lebendiger Organismus, dessen Glieder in einem Wirkzusammenhang stehen bzw. der in einen universalen Stoffwechselprozeß eingebunden ist. Alle körperlichen, zusammengesetzten Lebewesen innerhalb des Universums, sei es nun ein Himmelskörper oder der winzigste tierische Organismus, unterliegen einem ständigen Wandel durch den Zu- und Abfluß stofflicher Partikel (Atome), stehen in wechselseitigem Austausch, innerhalb dessen sich in dynamischer Metamorphose der Gestalten die unwandelbare eine Substanz in unendlichen Facetten zeigt.

Während also die stofflichen Komplexionen und körperlichen Zusammensetzungen immerzu in Fluß sind, denn »alles ändert sein Gesicht, im Umlauf durch einen unendlichen Raum« (UN, 24), bleibt das Ganze der Substanz nach unvermindert und unvergänglich.

Bruno formuliert mit dieser Vorstellung einer universalen, zyklischen Naturprozessualität, die sich in Konvenienz zum metaphysischen Einen in immerwährendem, unendliche Formenvielfalt durchlaufendem Gestaltwandel vollzieht, nicht nur eine naturphilosophische Theorie. Bei allem Fatalismus, der vordergründig anklingt, wenn Bruno den einzelnen Menschen als den Wechselfällen des Schicksals ausgeliefertes Wesen begreift, ist dies weder resignative Fügung in reine Passivität noch Rechtfertigung aller Greuel der Welt. In Abwendung von christlicher Heilssorge und individueller Todesfurcht aber sucht Bruno durch seine Philosophie den Menschen zur Glückseligkeit zurückzuführen, ihn mit dem ewigen Zyklus des Lebens zu versöhnen. Zwar muß die partikulare körperliche Existenz vergehen, der Tod aber verliert seinen Stachel, sofern nichts der Substanz oder dem Sein nach vergeht. In diesem Sinne ist Brunos Philosophie getragen vom Vertrauen in das unvergängliche Eine, dessen im Wechsel der Erscheinungen sich auswirkende

Güte die Gewähr gibt, daß alles vom Guten, durch das Gute und auf das Gute hin geleitet ist. (Vgl. INF, 360)

»Hier seht Ihr den Grund, warum wir nicht zu fürchten haben, daß auch nur irgend etwas schwindet, daß irgendein Einzelnes verlorengeht, wahrhaft nichtig wird oder ins Leere eingeht, das es in der Vernichtung zerstört. Hier seht Ihr den Grund für die wechselvolle Veränderung des Ganzen, weshalb nichts Schlechtes ist, dem man nicht entrönne, nichts Gutes, auf das man nicht träfe, während für das unendliche Feld, für die fort und fort währende Veränderung, die Gesamtsubstanz als dieselbe und eine fortdauert. Aus dieser Betrachtungsweise [...] werden wir im Besitz des wahren Wegs zur wahren Moralität sein, [...] wir werden wahre Betrachter der Geschichte der Natur werden, welche in uns selbst geschrieben ist, und maßvolle Exekutoren der göttlichen Gesetze, welche in unser Herz gemeißelt sind.« (UN, 23)

Mit der naturphilosophischen Theorie eines unendlichen Alls unzähliger Welten und Lebewesen öffnet Bruno nicht nur den Blick für die Aufgehobenheit jedes individuellen Lebens in der Prozessualität der ewigen Natur, sondern zeigt auch, daß der von unendlichem Leben erfüllte Raum gewissermaßen eine ethische Norm verkörpert: die Akzeptanz aller auf anderen Kontinenten oder auf anderen Welten möglichen Kulturen, Lebensweisen und die Achtung aller Arten des Lebendigen. (Vgl. INF, 533)

Die Vertreibung der triumphierenden Bestie (Spaccio de la bestia trionfante)

Mit dem vierten italienischen Werk, der Schrift *Die Vertreibung der triumphierenden Bestie*, legt Giordano Bruno einen Entwurf zur Moralphilosophie vor, um, wie er es im Widmungsschreiben formuliert, »gegen den wüsten Strom der Zeitmeinung anzukämpfen« (VER, 5). Wenngleich Bruno einschränkend vorausschickt, daß sich das vorgelegte moralphilosophische Werk noch im Entwurfsstadium befindet, sind bereits diese Vorstudien zu einer Moralphilosophie in direktem Zusammenhang mit den Grundprinzipien seiner Philosophie zu betrachten. Die Einheitsmetaphysik wird, wie sich zeigen wird, zur Grundlage der Keime seiner Moralphilosophie. (Vgl. SP, 552)

Wiederum in Dialogform aufgebaut, handelt es sich jedoch nicht wie in den vorausgegangenen Abhandlungen um ein Gelehrtengespräch, sondern um die großangelegte Inszenierung einer Allegorie. Im literarischen Stil spätantiker Satire, mit der Bruno der Schärfe und Parodierfreude eines Lukian nicht nachsteht[49], werden wir Zeugen eines theatralen Bühnengeschehens, dessen Protagonisten die olympischen Götter sind. Zeus, das Oberhaupt der Göttergesellschaft, beruft eine Versammlung der Götterwelt ein, um den Himmlischen die Bestien und Laster vor Augen zu führen, die das (moralische) Firmament bevölkern und, repräsentiert durch 48 Sternbilder, Zeugnis ablegen von den unter den Göttern herrschenden Zügellosigkeiten und alltäglichen Missetaten. Diese in den Himmel eingeschriebene Verwerflichkeit und Tugendvergessenheit gilt es nun, so die Absicht des Göttervaters, durch die Jagd auf die triumphierende Bestie ein für allemal zu reformieren und den Leitbildern wahrhafter Sittlichkeit Raum am gestirnten Himmel zu geben.

Auch dieses Dialoggeschehen ist eingebettet in ein Rahmengespräch zwischen Sophia (der Verkörperung der irdischen Weisheit), Saulino (dem Sprachrohr des Nolaners) und dem Götterboten Merkur. Abermals ist somit eine zweite Ebene gegeben, auf der die Vorgänge der Binnenhandlung kommentierend aufgenommen werden.

Bruno setzt mit diesem Götterparlament ein moralisch-allegorisches Schaustück in Szene, führt eine desorientierte, anthropomorph charakterisierte Göttergesellschaft vor, deren desolater Zustand sich in den Sternbildern und -konfigurationen abzeichnet, und deckt damit im eigentlichen Sinne den ganzen Horizont menschlicher Unmoral auf. Wenn der Sternenhimmel im Verlauf der Handlung eine Umbesetzung erfährt, so um in Ablösung der Bestien durch Tugenden die nötige Neubestimmung ethisch richtungweisender Positionen anzuzeigen. Damit ist die satirische Darstellung dieser Zusammenkunft der Götter aber nicht nur kritische Überzeichnung und Spiegel zeitgenössischer Kultur bzw. einer menschlichen Lebensführung, die unter schlechten Sternen steht, sondern darüber hinaus Aufruf zur umfassenden Reform moralischer Setzungen.

Bewußt konzipiert Bruno ein allegorisches Schauspiel disputierender Göttergestalten und wählt anstelle eines streng aufgebauten moralischen Lehrtraktates die offene Form des Dialogs, um einerseits durch einzelne Figuren dem ganzen Spektrum moralischer Standpunkte eine Stimme zu verleihen und damit andererseits in lebendigen, vielschichtigen Diskussionen seine eigenen moralphilosophischen Ansätze auf den Prüfstein zu legen.

Eingeführt wird zunächst die Figur des Zeus, der die versammelte Götterschar zur Jagd auf »die Laster, welche bei uns vorherrschen und unser göttliches Teil unter ihren Füssen zertreten« (VER, 24), aufruft. Die Zeusfigur – oberster der Götter und über den Weltlauf waltender Herrscher, im griechischen Denken auch die Verkörperung der Weltvernunft – wird bei Bruno zum allegorischen Repräsentanten der Seele des menschlichen Individuums, der das Vermögen zur Selbsterkenntnis sowie die Freiheit zu eigen ist, das Leben nach Maßgabe der Vernunft und moralischer Willensentscheidung zu führen:

»Zeus, d.h. die Seele, der Menschengeist, der sich in diesen ewig wechselnden Strom der Materie versetzt sieht. *Eben der-*

selbe wird zugleich als Lenker und Beweger des Himmels aufgefasst, um dadurch anzudeuten, dass sich in jedem Menschen, in jedem Individuum eine Welt darstellt, ein inneres Universum, in der Zeus, der Lenker, das Licht des vernünftigen Willens repräsentiert, welches in ihm, in diesem wunderbaren Staat herrscht und regiert und die Rangstufen und Sitze der Tugenden und Laster verteilt.« (VER, 22)

Die Versammlung der Götter um ihr Oberhaupt Zeus ist Versinnbildlichung der menschlichen Seele, die sich ob ihrer bisherigen moralischen Orientierungen und ihres Lebenswandels einer Selbstbefragung unterzieht und hierzu in eine Beratung mit ihren verschiedenen Kräften (Göttern), wie dem Intellekt, dem diskursiven Verstand, dem Gedächtnis, der Liebe, dem Begehren, dem Zorn, dem Gewissen und der Wahlfreiheit, verkörpert durch Merkur, Pallas, Diana, Cupido, Venus, Mars, Momus und Zeus, eintritt. In Abstimmung dieser Seelenvermögen soll die Ordnung des inneren Kosmos wiederhergestellt, die Götzen des Lasters aber sollen verdammt werden. So beginnt ein Verfahren, in dem Zeus nacheinander die 48 Sternbilder vor den Richtstuhl ruft, jede dieser Chimären des Sittlichen in ihrer Schändlichkeit entlarvt, um schließlich würdigeren Kandidaten den Rang moralischer Instanzen einzuräumen. Unterstützung findet Zeus hierbei insbesondere in Momus, dem Gott des Tadels, der als Allegorie des menschlichen Gewissens fungiert, »wie denn der Mensch zur Änderung seiner Vorsätze und seiner Sitten zunächst veranlasst wird durch ein gewisses inneres Licht, das auf der Warte, im Mastkorb oder am Steuer unserer Seele sitzt, und *das von einigen sinteresis (Gewissen) genannt wird*« (VER, 23).

Vor diesen Richtinstanzen der Seele, den Vernunftvermögen und dem Gewissen, wird nun über die philosophische Begründbarkeit moralischer Kategorien beraten und entschieden.

Was aber ist überhaupt der Auslöser für diese Besinnung der Seele auf ihre eigentlichen Tugenden? Was führt dazu, daß Zeus mit der fehlgeleiteten Göttergesellschaft so hart ins Gericht geht? Nicht zufällig verkündet Zeus seine Reformpläne am Jahrestag der Gigantenschlacht, »welche ein Sinnbild des unaufhörlichen und waffenstillstandlosen Krieges ist, den die Seele gegen die Laster und unordentlichen Begierden führt« (VER, 23). Diesen die Seele bestürmenden Mächten, den niederen Trieben und narzistischen Leidenschaften ist also immer wieder entgegenzutreten.

Zeus verkörpert in exemplarischer Weise die Seele des einzelnen, die ihr Geschick in die Hand zu nehmen hat: »Denn er [Zeus] weiss, dass in dem Ganzen, dem Einen unendlichen Wesen, der Einen allumfassenden Substanz, die unzähligen Einzelwesen befasst sind, unter denen auch er nur ein Individuum ist, und dass diese Einzelwesen, wie sie einerseits in ihrer Substanz, ihrem Seinsgrunde und ihrer Natur nach Eines sind, so andererseits nach Massgabe der Zahl, die sie darstellen, unzählige Wechselfälle und Verschiedenheiten der Bewegung und Veränderung durchlaufen.« (VER, 13)

An dieser Stelle zeigt sich, wie die Grundsätze der Brunoschen Metaphysik und Naturphilosophie auch seine moralphilosophischen Ansätze durchdringen. Zwar ist, wie Bruno ausführt, das spezifische körperliche Dasein jedes Individuums dem wechselhaften Schicksal unterworfen, doch unabhängig von der je individuellen Erscheinungsweise, die als stoffliche Zusammensetzung dem permanenten Gestaltwandel alles Lebendigen unterliegt und schließlich der Auflösung anheimfällt, ist die ewige körperliche Substanz (»eterna sustanza corporea«) ebensowenig wie die ewige unkörperliche Substanz (»eterna sustanza incorporea«) ein der Auflösung unterliegender Gegenstand. (Vgl. SP, 556) Weil also Materie und Geist der Substanz nach unauflösbar sind, hat niemand den Tod zu fürchten, der doch nichts anderes ist als das Auseinandertreten einer körperlichen Verbindung stofflicher Partikel. Die Zusammensetzung jedes lebendigen Organismus aber rührt von einem inneren Prinzip, der Seele, die den Körper von innen heraus gestaltet, die körperlichen Teile und ihre Funktionen organisiert und am Leben erhält, indem sie vom Zentrum des Herzens alle Glieder entwickelt und formiert, bis die Lebenszeit dieses je individuellen körperlichen Wesens abgelaufen ist und die Seele sich wieder in ihr Zentrum zurückzieht, die Teile des Körpers verläßt und schließlich durch eben die Pforte aus dem Körper heraustritt, durch welche sie ihn dereinst betreten hat. (Vgl. SP, 556) Weder die stofflichen Atome, deren permanenter Zu- und Abfluß das Werden und Vergehen der Körper bestimmt, noch die den Körper belebende »virtu de l'anima« sind nämlich vernichtbar. Vielmehr ist es gerade die Natur der Seele, so Bruno, sich immer wieder zu verkörpern, ohne Unterlaß neues Leben zu entfalten. Dieses innere Prinzip, nicht etwa der individuelle Leib, ist die Substanz und macht im eigenlichen Sinne den Menschen aus.[50]

Nach der Seelenwanderungsvorstellung Giordano Brunos, die sich hier andeutet, fügt es sich, daß diejenige Seele, die ihre Begierden und Affekte nicht zu kontrollieren vermag, im Kreislauf der Wiedergeburten in einen »*unedleren Körper, als den sie verliess, herabsteigen muss*« (VER, 19). Zwar schließt sich Bruno nicht dem Glauben an eine Fortexistenz gefallener Seelen in Tierleibern an, vertritt aber prinzipiell die Auffassung, daß eine »fatal giustizia« (SP, 559), eine schicksalhafte Gerechtigkeit, die Seele im Durchlaufen ihrer Wandlungen je nach Lebensführung in entsprechend bessere oder schlechtere Lebensformen eingehen läßt. Was sich in dieser Lehre individueller Wiederverkörperung der Seele abzeichnet, ist daher auch eine anthropologische Reflexion: Aufstieg und Fall des Menschen, das Zurücksinken in tierische Verrohung oder die Möglichkeit, im Sinne höchster Tugendhaftigkeit und Vergeistigung über das jeweilige Schicksal hinauszuwachsen, liegen in der Hand des einzelnen.

Zwar ist jeder Mensch einem allumgreifenden Fatum unterstellt, dennoch obliegt es dem einzelnen, sich auf die intellektuelle, moralische Kraft der Seele zu konzentrieren, dem Schicksal mit heroischem Mut ins Auge zu sehen. Wenn Bruno dieses Fatum, das die Gesetze der Natur ausmacht, als etwas faßt, dessen unabänderlicher Lauf dem Menschen mittels des diskursiven Verstandes unbegreiflich bleibt (vgl. SP, 642), handelt es sich dennoch nicht um eine Schicksalsmacht, die blindwütig zuschlägt, sondern um eine göttliche Vorsehung, eine »infinitamente grande providenza« (SP, 643), die um alles Sorge trägt und letzten Endes gerecht und heilig ist. Denn diese Providenz ist nichts anderes als der in allen Dingen wirkende universale Intellekt, der alles bewirkt, erkennt, ordnet und vorausbestimmt. Er ist also die Vorsehung, sofern der göttliche Erkenntnisakt die Substanz des Seins aller Dinge ist. Die göttliche Erkenntnis geht allen Dingen voraus und ist in allen Dingen, denn alles Seiende ist im göttlichen Denken aufgehoben, ist gleichsam Gedanke eines Gottes, der in allem wirkt, alles sieht und hört. (Vgl. SP, 644)

Bruno bezieht mit dieser Vorsehungslehre nicht nur Position gegen christliche Formen der Prädestinationslehre, des konfessionsspezifischen Bußeifers und katechismustreuen Pharisäertums, sondern polemisiert ebenso gegen die naive Vorstellung eines Gottvaters, der über all seine Willensentscheidungen Buch führt.

Diese prinzipiellen Überlegungen führen uns nun zu der oben aufgeworfenen Frage nach dem Grund für die Reformabsichten des Zeus oder die Besinnung der Seele auf ihre eigentlichen Tugenden zurück. Der den einzelnen Menschen verkörpernde Gott, der als mythologische Figur berüchtigt ist für seine Verwandlungen und das Ausleben menschlicher Begierden und Triebe, wird sich nämlich seiner sündhaften Verstrickungen, seiner »penitenza« (SP, 560) bewußt.[51] Als gealterter Mann sieht er sein Ende nahen und beginnt Sorge zu tragen für seine Seele und ihr zukünftiges Leben, indem er seine eigentlichen Qualitäten auf den Plan ruft:

»Richtiges Vorstellungsvermögen, sorgfältige Überlegungskraft und langes Gedächtnis, hinter der Stirn feinfühlige Auffassungskraft, in den Augen Klugheit, in der Nase Scharfsinn, in den Ohren Aufmerksamkeit, auf der Zunge Wahrhaftigkeit, in der Brust Aufrichtigkeit und im Herzen geordnete Triebe, in den Schultern Geduld, im Rücken die Vergessenheit der Kränkungen, im Magen die Verschwiegenheit, im Schoosse die Enthaltsamkeit, in den Beinen die Unermüdlichkeit, in den Fusssohlen die Beständigkeit, in der linken Hand den Pentateuch der Gebote und in der rechten die erwägende Vernunft, die aufklärende Wissenschaft, die ordnende Gerechtigkeit, die befehlende Autorität und ausführende Gewalt.« (VER, 42 f.)

Halten wir an dieser Stelle einen Moment inne, um nochmals nach der Verbindung dieser moralphilosophischen Überlegungen mit der zugrundegelegten Einheitsmetaphysik und den hieraus entwickelten naturphilosophischen Anschauungen zu fragen. Bruno betont, daß sich in der physischen Welt alles in Gegensätzen bewegt, dem Wechsel und der Veränderung unterworfen ist. Der Übergang von einem zum anderen ist es aber, der erst die Lebendigkeit und Schönheit des Ganzen ausmacht, denn die Extreme bedingen sich stets, stehen in verwandtschaftlichem Verhältnis, so daß z.B. der Genuß weder in der Fülle noch im Mangel, sondern im Moment des Übergangs zwischen Extremzuständen zu suchen ist. Alles »geht von Gegensätzen durch Gegensätze in Gegensätzen zu Gegensätzen, und wo Gegensatz ist, da ist auch Wirkung und Rückwirkung, da ist Bewegung« (VER, 41). Die Lehre von der letztendlichen Koinzidenz der Gegensätze ist für Bruno also »fisica-, matematica- e moralmente« (SP, 573) zu betrachten, d.h., ist auch für die Moralphilosophie maßgeblich. Denn wenngleich ein unerbittliches Fatum alles regiert, wenngleich die Wahrheit zu manchen Zeiten unterdrückt und verachtet wird, so gilt es nicht ob der gegenwärtigen Zustände zu resignieren, sondern gerade aus dem Wissen um das Rad des Schicksals und den Umschlag der Gegensätze Hoffnung für das Zukünftige zu schöpfen.

»Hüten wir uns also, die Gottheit des Fatums zu beleidigen [...]. Denken wir vielmehr an unsern zukünftigen Zustand und lasst uns nicht, als achteten wir die allwaltende Gottheit nicht, unterlassen, Herz und Sinnen zu dieser Verbreiterin alles Guten und Austeilerin aller Schicksale zu erheben, lasst uns zu ihr fliehen, dass sie uns bei unseren Verwandlungen, Umbildungen oder Metempsychosen glückliche Genien zuteile« (VER, 59).

Aus diesem Grund trachtet Zeus danach, die Vielzahl der Begehrlichkeiten und sinnlichen Gelüste aus seinem Innern zu verbannen und die eigentlichen Tugenden wieder auf ihren angestammten Plätzen zu etablieren. Dieses erwachte »conscienza per il bene« (SP, 605) steht also am Anfang einer Umkehr zur Gerechtigkeit, dem Abriß des von Lastern übersäten Himmelsgebäudes und der Reinigung des intellektuellen Firmamentes, denn, so Zeus, diese innere Reform ist Voraussetzung einer Veränderung der äußeren Verhältnisse. (Vgl. SP, 612)

Führen wir uns nun diese moralische Neuordnung des Tugendhimmels, bei der Wahrheit, Klugheit, Weisheit, Gesetz und Rechtsprechung die Vorrangstellung erhalten, gefolgt von den wissenschaftlichen Disziplinen und schließlich einer großen Zahl weiterer berechtigter Anwärter auf eine Mitbestimmung des sittlichen Bewußtseins, anhand ausgewählter Positionen vor

Augen. Es zeigt sich deutlich, wie Bruno seinen Entwurf eines moralphilosophischen Systems unmittelbar aus den einheitsmetaphysischen Voraussetzungen entwickelt.

Nach einmütigem Ratschluß der Götter gebührt der Wahrheit (verità) der Vorsitz über alle moralischen Instanzen, denn die Wahrheit geht, so Bruno, notwendig allem voraus, ist nichts anderes als das göttliche Eine selbst bzw. die höchste Güte und Schönheit. (Vgl. SP, 647) Absolute Einheit, Wahrheit und Güte sind dasselbe. Diese Wahrheit faßt Bruno nun wiederum dreifach als metaphysische, physische und logische[52], d.h. als ideale göttliche Wahrheit über allen Dingen, als natürliche Wahrheit, sofern sie in allen Dingen wirkt und in der physischen Wirklichkeit sichtbar wird, sowie drittens als begriffliche Wahrheit nach den Dingen oder als die Fähigkeit richtigen Verstehens. (Vgl. SP, 647) Die beiden letztgenannten Modi der Wahrheit, diejenigen der physischen Wirklichkeit wie der intellektuellen Erkenntnis, sind aber im Verhältnis zur absoluten metaphysischen Wahrheit nichts als eine bestimmte Gestalt, Vorstellung und ein Abglanz der eigenlichen Wahrheit. (Vgl. SP, 647) In dialektischer Spannung zeigt Bruno hier, wie das metaphysische Eine in alles Seiende eingeht, partizipativ der intellektuellen Seele innewohnt und als solches zugleich jeder Erkennbarkeit entzogen ist, d.h., als absolut Immanentes stets ein Transzendentes ist. Auf die Erkenntnisfähigkeit bzw. die moralische Vervollkommnung des Menschen bezogen aber bedeutet dies, daß gerade weil das Eine, Wahre, Gute und Schöne stets bloß abbildhaft vergegenwärtigt und verwirklicht wird, es die unzerstörbare höchste Orientierungsinstanz wie das Leitgestirn allen Strebens ist.

Diese Struktur eines allem innewohnenden Prinzips, das gleichzeitig über alles erhaben ist, prägt auch die der Wahrheit zugeordneten Tugenden. So besitzt auch die Klugheit nach

Bruno zwei Namen, denn was ihren Einfluß im Bereich der höheren Prinzipien angeht, heißt sie Vorsehung (providenza) und fällt mit der absoluten Einheit, Wahrheit, Freiheit und Notwendigkeit Gottes in eins; in bezug auf die Seele des Menschen bewirkt diese göttliche Vorsehung die Klugheit (prudenza), d.h. das diskursive Verstandesvermögen (vgl. SP, 648), »sie hat zur Dienerin die Dialektik und zur Führerin jenes erworbene Wissen, welches gewöhnlich Metaphysik genannt wird« (VER, 127). Die menschliche Klugheit bzw. die Fähigkeit verstandesgeleiteten sittlichen Handelns im Bereich der physischen Welt steht für Bruno in Korrespondenz zur Vorsehung in der archetypischen Welt. Mit dieser Definition der »providenza« bzw. der »prudenza« im absoluten und im partikularen Sinne finden also die praktischen Handlungsmaximen des Menschen ihre urbildliche Entsprechung auf einer metaphysischen Ebene.

Ebenso versteht Bruno auch die Weisheit (sofia), die er auf Wahrheit und Klugheit folgen läßt, einerseits als absolute, göttliche, höhere, überhimmlische und überweltliche Sofia (vgl. SP, 649) und andererseits als die an dieser partizipierende menschliche Weisheit oder den reflektierenden, theoretischen Verstand. Im Verhältnis zur unsichtbaren, gestaltlosen und unbegreifbaren göttlichen Weisheit drückt sich die »sofia per participazione« (SP, 650) in der lebendigen Geisteskraft des Menschen, in der Rede, den Künsten, in Wissenschaften und Schriften aus. Wenn auch die höchste Weisheit lediglich abbildhaft zu erfahren ist – wieder spricht Bruno vom Spiegel-, Schatten- oder Gleichnischarakter irdischer Weisheit –, so ist sie es doch, die »unseren Augen eine in allen natürlichen Dingen und Wirkungen geschriebene Schrift zu lesen« (VER, 131) gibt, d.h., sie manifestiert sich im Buch der Natur wie in der partizipierenden Erkenntnisfähigkeit des Menschen. Diese göttliche Weisheit, sofern sie allem in je unterschiedlichen Graden immanent ist, zugleich aber transzendenter Zielort der Weisheitsliebe, nährt, so Brunos Erklärung, die Erkenntnissehnsucht, aktiviert die »virtudi intellettuali« in der Suche nach der ersten und einfachsten Wahrheit.

Auf die metaphysisch begründete, moralphilosophisch richtungweisende Dreiheit von Wahrheit, praxisorientierter Klugheit und theoretischer Weisheit folgen nun zwei weitere regulative Instanzen: das Gesetz (legge) und die Rechtsprechung (guidizio). Wiederum jeweils im Bereich des Metaphysischen verankert, formuliert Bruno anhand dieser exekutiven Organe den Anwendungsbereich seiner moralphilosophischen Überlegungen und benennt damit die Voraussetzungen sowohl einer Versittlichung des einzelnen wie der Beförderung des gesellschaftlichen Zusammenlebens.[53] Während das Gesetz insbesondere die Ordnung der menschlichen Gemeinschaft und des bürgerlichen Verkehrs gewährleistet (vgl. SP, 653) sowie dem Gemeinwohl dient, sorgt die Rechtsprechung für die Einhaltung der Gesetze, die Verurteilung von Gesetzesbrüchen bzw. Verstößen gegen die moralische Ordnung zu Ungunsten der menschlichen Gemeinschaft.

»Daher ist jedwedes menschliche Gesetz und Urteil in eben dem Masse entfernt von der *Güte* und *Wahrheit* des göttlichen Gesetzes und Urteils, in welchem es entfernt ist von den Anforderungen und Regeln, die wir an die moralischen Handlungen des Menschen in seinem Verhältnis zu anderen Menschen stellen.« (VER, 139)

Bruno betont diese gesellschaftlichen Ideale an verschiedenen Stellen dieser Schrift immer wieder: die Förderung des Wohls des einzelnen wie des Gemeinwohls, die Sorge um das Vaterland und die Menschheit, zwischenmenschliche Großherzigkeit und mildtätige Gerechtigkeit bis hin zur indirekten Forderung nach sozialem und kulturellem Engagement.

Die Kabbala des Pegasus mit der Zugabe des Kyllenischen Esels (Cabala del cavallo pegaseo/L'asino cillenico)

Mit der Schrift *Die Kabbala des Pegasus mit der Zugabe des Kyllenischen Esels* führt Giordano Bruno zwei Dialoge von eher fragmentarischem Charakter zusammen, die aber dennoch wichtige erkenntnistheoretische Aspekte hervortreten lassen. Während der Nolaner die Bollwerke einer bornierten Wissenschaftswelt und die Gestade theologischer Indoktrination einer stürmischen Flut der Polemik aussetzt, wird die Unwissenheit zum eigentlichen Thema seiner Ausführungen. Eine »ignoranza«, die allerdings in erstaunlicher Gestalt daherkommt, denn Bruno macht dem Leser mit dieser Schrift einen »Esel zum Geschenk« (KAB, 3) und stimmt in ironisierender Überhöhung eine hymnische Verehrung des göttlichen Eseltums und der heiligen Unwissenheit an.

In einem vorangestellten Sonett zum Lob des Esels[54] offenbart sich allerdings nur zu bald, welche Bewandtnis es mit diesem symbolträchtigen Huftier auf sich hat. Das geheiligte Eseltum »beugt die Knie, es faltet fromm die Hände« (KAB, 8), es schickt sich nicht in eitles, irdisches Forschertum bzw. intellektuelle Anstrengungen, denn die »divina asinitade« (CA, 846) kümmert sich nicht um die Erkenntnis der Naturprinzipien, sondern harrt in devoter Frömmigkeit des ihr von Gott beschiedenen Geschicks. Im gleichen Tenor verkündet die an den frommen Leser gerichtete Einleitungsrede, wie müßig es ist, der trügerischen Sinneswahrnehmung, einem entstellenden Verstand und dem ohnmächtigen Urteilsvermögen zu vertrauen, zeigt sich doch die wahre Gottgefälligkeit allein in heiliger Dummheit und Unwissenheit. Der gottlosen Neugierde ist daher zu entsagen, die Wissenschaft zu fliehen, das Licht der Vernunft auszulöschen, um in der Einkehr ins Innerste, dem Rückzug in die »povertà del spirito« eine »benedetta asina« (CA, 854) zu werden: »betet zu Gott, auf daß er, falls ihr noch keine Esel seid, Euch zu Eseln werden lasse!« (KAB, 17)

Brunos unverhohlener Spott über christliche Prädestinations- und Gnadenlehre wie die klerikale Knechtung der vernunftbegabten Seelen gemäß dem Verdikt, Gottergebenheit zeige sich im Verzicht auf den Vernunftgebrauch, wird hier unüberhörbar und paart sich mit einer scharfen Verurteilung der Selbstgefälligkeit des kirchlichen Gelehrtenstandes bzw. einer in gelehriger Schafsköpfigkeit (»dotta pecoragine«; CA, 846) gehaltenen Herde. Man darf nicht vergessen, daß Bruno dies in einer Zeit schreibt, die von erbitterten Glaubenskriegen, vom Schrecken der Inquisition und europaweiten Ketzerverfolgungen gezeichnet ist.

»Toren in der Welt sind jene gewesen, die die Religion, die Zeremonien, das Gesetz, den Glauben, die Lebensordnung begründet haben; die größten Esel der Welt, die jedes anderen Sinnes und Wissens bar und alles geselligen Lebens und geselliger Gesittung entbehrend in beständiger Pedanterei wandeln [...]. Sehet zu, ob die ersteren sich um die geheimen Ursachen der Dinge jemals bekümmert haben, ob sie Verzeihung üben, sollten auch Reiche zerstört, Völker zerstreut, sollte auch alles mit Brand, Blut, Ruin und Verwüstung erfüllt werden; ob es ihnen zu Herzen geht, daß die ganze Welt durch sie dem Untergange geweiht wird!« (KAB, 14)

Bruno kritisiert die Vertreter einer Glaubensmacht, sofern sie vorgeben, im Besitz des wahren Wissens zu sein. Dies sind die vollkommenen Esel, von Lug und Trug gerittene, einfältige Kreaturen bar jeder kritischen Reflexion.

Die Schrift besteht jedoch keineswegs allein aus polemischen Tiraden gegen geistige Entmündigungspraktiken, seien diese nun bedingt durch dogmatische, konfessionsspezifische Vereinnahmungsmechanismen, die aus der Dummheit eine Tugend machen, oder durch einen scholastisch monopolisierten Lehrbetrieb, der in blinder Autoritätsverehrung der für Bruno völlig haltlosen Wissenschaft des Aristoteles folgt. Vielmehr zielt der Nolaner prinzipieller auf eine kritische Analyse des Wissensbegriffes bzw. eine Differenzierung der Inhalte des Wissens von denjenigen des Glaubens.

Hat Bruno in der *Vertreibung der triumphierenden Bestie* einen Entwurf seiner Moralphilosophie vorgestellt, so knüpft er in der *Kabbala des Pegasus mit der Zugabe des Kyllenischen Esels* zunächst einmal hieran an, indem er den Himmel der sittlichen Ideale, an dem noch zwei Plätze unbesetzt sind, durch das kontrastierende Bild des Eseltums[55] ergänzt. Dieses steht für den ambivalent gefaßten Begriff einer Unwissenheit, die durch das Eseltum in abstracto und das Eseltum in concreto dargestellt wird. (Vgl. CA, 863) Während ersteres als notwendig zu durchlaufende, vermittelnde Stufe auf dem Weg der Erkenntnis im Sinne der gelehrten Unwissenheit des Cusanus positiv gefaßt wird, steht letzteres für eine selbstgefällige, unbelehrbare Dummheit. Bruno skizziert in diesem unvollendet gebliebenen Werk gewissermaßen eine Typologie der Unwissenheit.

Zentraler Gedanke ist die Setzung, daß all unser Wissen Unwissen ist; die Wahrheit an sich, das Eine und Erste, bleibt der menschlichen Erkenntnis stets verschlossen. Dasjenige, was aber im Hinblick auf die erste Ursache und zugrundeliegende Wahrheit erlangt werden kann, ist das Wissen um die Nichtwißbarkeit[56] und Uneinholbarkeit der schlechthinnigen Voraussetzung jeglichen Wissensanspruchs. Die Rede ist von einem Wissen um die Begrenztheit der Erkenntnis, ihre Einschränkung auf den Bereich der »scienza inferiore«, welche die höchste Wahrheit lediglich abbildhaft, in »specie e similitudine« (CA, 872) erfaßt.

Bruno unterscheidet drei grundlegende Weisen dieses Nichtwissens. Erstens gibt es die »ignoranza negativa«, eine Form des Eseltums bzw. der Unwissenheit, deren Repräsentanten unwissend sind und auf jeglichen Wissensanspruch verzichten. Zweitens die Unwissenheit »di prava disposizione« (CA, 874), eine Ignoranz auf der Basis einer falschen Grundeinstellung, denn ihre Vertreter hängen in solchem Maße einem radikalen Zweifel und einer rigorosen Skepsis an, daß sie wie der Buridansche Esel in völliger Unentschiedenheit verharren und um so mehr zu wissen meinen, je weniger sie wissen. Schließlich die Form des Nichtwissens, die als völlige Torheit zugleich höchste Weisheit genannt wird, denn ihre Vertreter wissen nichts, glauben nichts zu wissen und werden auch für unwissend gehalten. Diese scheidet Bruno nun wiederum in zwei Arten, wovon die erste mit den Mitteln der Vernunft selbst, mit dem »lume razionale« ihre Wissensansprüche in Frage stellt, während die zweite Spielart ihren Verstand gänzlich aufgibt und sich allein von der »laterna delle fede«, der Laterne des Glaubens, heimleuchten läßt.

Das Eseltum in concreto nun wird insbesondere von der Schar der devoten Gläubigen sowie Anhängern religiösen Eifertums zur Schau getragen: »So können denn unsere göttlichen Esel, jedes eigenen Denkens und Fühlens beraubt, nichts weiter, als sich die Offenbarungen der Götter oder ihrer Stellvertreter in die Ohren blasen lassen.« (KAB, 35)

In Kontrast zu diesen Beispielen eines unwissenden Eseltums führt der Nolaner den kyllenischen[57] Esel ein. Eine Verkörperung der Unwissenheit, die sich weder in die Fänge fideistischer Dummheit begibt noch einer Philosophie der radikalen Skepsis anschließt, welche, so Brunos Kritik, vor allem von einer gewissen Trägheit zeugt, Rechenschaft über die Dinge abzulegen. Der kyllenische Esel steht für ein wissentliches Unwissen. Damit stellt sich die Frage nach dem Bereich des für die menschliche Vernunft Wißbaren im Unterschied zum Glauben. Für Bruno wird der Grundstein menschlichen Wissens im sorgfältigen Studium gelegt, das wiederum Voraussetzung eigenständigen logischen Denkens und des wissenschaftlichen Diskurses ist und schließlich zur Erforschung der Natur führt. Der Status des Naturphilosophen oder »Physikers« markiert die Grenze dessen, was der Mensch als begründbares Wissen erreichen kann. Über diesen von der physischen Wirklichkeit ausgehenden, naturphilosophisch rechenschaftsfähigen bzw. intellektuell reflektierten Erkenntnisstand hinaus kann es kein Wissen geben, sofern ein begriffliches Erkennen »delle cose sopranaturali« nicht zu erlangen ist, präsentieren sich diese der menschlichen Vernunft doch allein im Widerschein in den sichtbaren Naturtatsachen.

Von den heroischen Leidenschaften (De gli eroici furori)

Welche Tragikomödie, präsentiert auf dem Welttheater, der Bühne unseres Bewußtseins, gäbe mehr Anlaß zu Mitleid und Gelächter als das Drama der Liebe – so Bruno in der Einleitung zu den Dialogen *Von den heroischen Leidenschaften*, einem Werk, in dem das unerfüllte Liebesbegehren bzw. der Zustand des verzweifelt Liebenden als literarisch-allegorische Folie von gleichsam paradigmatischem Charakter fungiert, um ein drastisches Bild der Höhen und Tiefen menschlichen Daseins zu entwerfen. Nicht etwa um eine Darstellung gewöhnlicher Liebesqual und -lust handelt es sich hier, sondern um die unstillbare Leidenschaft einer von göttlichem Furor umgetriebenen Seele, das bedingungslose Begehren einer bis zur Selbstaufgabe gehenden Liebe.

In Anknüpfung an das *Hohe Lied* Salomos ist es Brunos erklärte Absicht, auf die »contemplazion divina« (EF, 936), die geistige Betrachtung des Göttlichen hinzuführen. Im sinnlichen Gewand metaphorischer Liebesszenarien führt Bruno Zustandsformen dieser heroischen Liebe vor Augen, bringt er die Schmerzenslust[58] eines sehnsüchtigen Verlangens zu Gehör, das sich auf dieses göttliche, unerreichbare Liebesobjekt in der Tiefe der Seele richtet.

»Wenn er nach dem edlen Glanz strebt, muß er sich, soweit er es vermag, zur Einheit zurückziehen, soweit als möglich in sich selbst zusammenziehen [...] er muß in das Innerste seiner selbst eindringen, in dem Bewußtsein, daß Gott nah ist, mit ihm und in ihm, mehr als er es selbst sein kann« (HL, 135).

Und doch bleibt diese Licht- oder Gottwerdung der Seele stets nur Annäherung. Das Geliebte entzieht sich unablässig, denn sofern das göttliche Objekt in jeder Hinsicht unendlich, unbegreifbar und uneinholbar ist, ist auch das Streben nach dieser Vollkommenheit ein unendliches, ein immerwährendes Kreisen der Seele um Gott. Als das Innerste seiner selbst ist es zugleich in unmittelbarer Nähe wie in unüberwindbarer Entfernung. Diese unauslotbare Tiefe der gotterfüllten Seele – ein Deus absconditus, der im Umkreisen ohne Ende gesucht wird, in paradoxer Weise das Gegenwärtigste und doch Verborgenste ist – kennzeichnet zugleich die Abgründigkeit der menschlichen Seele bzw. ein Individuum, das sich ebenso vertraut wie fremd ist und sich immer aus der Differenz, der inneren Gespaltenheit erfährt.

Wenngleich es also der in Liebe entflammten, von glühender Leidenschaft wie brennendem Schmerz ergriffenen Seele niemals gelingt, Ruhe im Besitz des Ersehnten zu finden, ist eben dies Kennzeichen des Heros, keine Anstrengung zu scheuen und sich, getrieben von der Sehnsucht nach einer letztendlichen

Einswerdung mit dem Göttlichen bzw. der Aufhebung von Subjekt und Objekt der Liebe, in diesem Spannungsverhältnis extremster Zerrissenheit zu halten.[59] Das intensive Erleben permanenten Ungenügens führt nicht in eine statische, resignative Haltung, sondern ist geradewegs der Motor einer ständigen Anspannung und Bewegung, einer dynamischen Suche, sofern das Sich-Entziehen des Gesuchten ein unablässiges Begehren speist. Eine solche Leidenschaft kennzeichnet den heroisch Liebenden bzw. die Zustandsformen eines Bewußtseins[60], dessen leidvolles Streben stets mit einem Gefühl der Erfüllung im Unerfülltsein einhergeht.

Die Facetten dieser paradoxen Konstitution des Menschen schildert Bruno in drastischer Form über die Allegorie der Liebe:

»Obgleich du mir soviele Qualen auferlegst,/ dank ich dir doch und schulde dir sehr viel, Amor,/ der du mit so edler Wunde mir die Brust geöffnet hast,/ und solcherart meines Herzens Herr geworden bist,/ daß es wahrhaftig nun ein göttliches, lebendiges Objekt,/ Gottes schönstes Bild auf Erden, verehren wird;/ denke, wer wolle, daß mein Schicksal grausam sei,/ das im Hoffen tötet und in Sehnsucht leben macht./ Ich weide mich an einem edlen Unterfangen,/ selbst wenn ich nicht erreiche das ersehnte Ziel/ und bei den großen Mühen die Seele sich zerfleischt:/ Es genügt, daß sie so edelmütig brennt,/ es genügt, daß ich mich in die Höhe hob/ und aus der feigen Vielzahl löste.« (HL, 55 f.)

Mit dieser von einem philosophischen Eros, dem Streben nach dem Schönen, Wahren und Guten, beflügelten Gottessuche der individuellen Seele greift Bruno ein zentrales Motiv aus Platons *Symposion* auf, wonach der Dämon Eros, weder im Besitz der den Göttern vorbehaltenen vollkommenen Wahrheit noch sich in seinem Unwissen genügend, die Mitte zwischen Weisheit und Unverstand einnimmt, d.h., für den Weisheitsliebenden,

den Philosophen steht.[61] Bruno radikalisiert diese Vorstellung eines zwischen Mangel und Fülle oszillierenden philosophischen Begehrens des heroischen Menschen. Er knüpft damit nicht nur an die Tradition der durch den Symposionkommentar Marsilio Ficinos beeinflußten philosophischen Liebestraktate im Umfeld des Florentiner Platonismus an, sondern beruft sich ebenso auf die originär neuplatonische Philosophie (Plotin) bzw. auf neuplatonisch inspirierte, synkretistische Quellen. Einerseits greift der Nolaner neuplatonische Philosopheme auf, indem er etwa die Annäherung an die göttliche Einheit im Sinne einer Aufstiegsbewegung faßt, in der die Seele sich von der Gefangenschaft im Irdischen, den Fesseln leiblichen Daseins zu befreien sucht, um sich in einem Prozeß der Verähnlichung (deificatio) immer mehr dem Göttlichen anzuverwandeln und schließlich im göttlichen Lichte aufzugehen, das in der Tiefe der Seele leuchtet.

»Wenn nämlich der Geist sich mit jenem Licht vereinigt, wird er selbst zu Licht und folglich zu Gott. Denn er umschließt das Göttliche in sich, indem er durch sein Bestreben, soweit wie möglich in das Göttliche einzudringen, in Gott ist und Gott in ihm ist, weil er nach dem Eindringen das Göttliche empfängt, soweit wie möglich aufnimmt und in Begriffe faßt.« (HL, 57)

Andererseits zeigt sich neben solchen Bezugnahmen auf die neuplatonische Lichtmetaphysik das spezifisch Brunosche in einer Akzentverschiebung auf das ebenso grausame wie süße Schicksal einer sich in Liebe verzehrenden Seele, die immer schon hat, was sie sucht, ohne es erreichen zu können, denn das Gesuchte zeigt sich als um so weiter entfernt, je mehr es verfolgt wird.

In dieser unaufhörlichen metaphysischen Zirkulation erweist sich nicht nur die unendliche Dimension des Erstrebten, sondern gleichermaßen das unermeßliche intellektuelle Verlangen einer Seele, die »immer tiefer und tiefer eindringen kann« (HL, 178), deren Dürsten nach Erkenntnis, weil sie »immer mehr und mehr davon trinken kann« (HL, 179), niemals gestillt werden kann und deren Begehren nach der beseligenden Gegenwart des unendlich Guten unersättlich ist.

Im Zuge dieser unendlichen Tätigkeit, einer grenzenlosen geistigen Aufstiegsbewegung, wird sich das Individuum seiner Gottähnlichkeit bewußt. Hierin manifestiert sich allerdings nur eine Ausrichtung der Seele, die vermöge ihrer Körpergebundenheit immer wieder aus diesen Höhenflügen herabgerissen wird in die Wohnstatt ihres physischen Daseins, denn es ist nicht weniger ihre Aufgabe, den leiblichen Körper zu erhalten, zu beleben und für sein Gedeihen zu sorgen. Die Zweidimensionalität der Seele, die mit ihrer »doppelten Fähigkeit zwei Aufgaben erledigt« (HL, 179), offenbart in eklatanter Weise den inneren Zwiespalt, denn sie »leidet an dem Hin- und Hergezogenwerden zwischen der gleichzeitigen Liebe zur Materie und zu intelligiblen Dingen, fühlt sich zerrissen und zerfleischt« (HL, 80) und bewegt sich in einer ewigen Auf- und Abbewegung.

Im unauflösbaren Konflikt gegensätzlicher Seelenkräfte, einer inneren Zerreißprobe ist der Heros derjenige, der die Balance zwischen körperlicher und geistiger Existenz zu halten sucht und sich immer wieder in das Wagnis der Liebe zum Göttlichen begibt, sich über sein leibliches Sein zu erheben bemüht und im Aufstieg den jähen Absturz nicht fürchtet: »Er hat vor nichts Angst, verachtet aus Liebe zum Göttlichen alle anderen Freuden und macht sich keine Gedanken um sein Leben.« (HL, 50)

Im Wechsel bildreicher Gedichte (Sonette, Stanzen) und auslegender bzw. kommentierender Passagen sowie durch die Aufnahme von Wendungen aus dem Buch Salomos, aus biblischen Psalmentexten, Werken lateinischer Dichter (Ovid, Lukrez,

Horaz, Vergil) wie aus philosophischen Quellen, die in der Verkürzung aphoristischen Charakter erhalten und gleich einem Motto in die Dialoge einfließen, legt Bruno diese Schrift, die in der Tradition der emblematischen Literatur steht, in einer Fülle von Allegorien, metaphorischen Rätseln und Paradoxien an. Bereits in der literarischen Gestaltung drückt sich das Dilemma der heroischen Liebe aus: die Unmöglichkeit, das Erstrebte auf einen Begriff zu bringen. So entwickelt Bruno gleichsam eine literarische Topik der philosophischen Liebe, deren rhetorische Figuren die Grenzen des Sprachlichen mittels der Sprache selbst zu sprengen suchen, um das Atopische der unerfüllten und unerfüllbaren Liebe in Worte zu fassen.

Aus der Brunoschen Einheitsmetaphysik, der Lehre vom Unendlichen, resultiert nicht nur eine radikale Reform der Kosmologie. Der metaphysisch begründete Infinitismus hat Konsequenzen für das gesamte philosophische System, ist konstitutiv für erkenntnistheoretische wie moralphilosophische Ansätze und macht es schließlich unter Einbeziehung dieser veränderten, konstitutiven Elemente unabdingbar, die anthropologische Dimension in den Blick zu rücken, d.h., die Bedingtheit menschlicher Existenz philosophisch im Hinblick auf das Verhältnis zum unbegreiflichen, unendlichen Einen zu problematisieren und den Status des Menschen in bezug auf die Unveränderlichkeit des Seins bzw. die allumgreifende Zyklik der Natur zu bestimmen.

Über das kosmologische Postulat einer völligen Indifferenz raum-zeitlicher Fixierungen im unendlichen All, einer absolut indefiniten Fülle des Seienden, in der ontologische Topologien nivelliert sind, wird das erkenntnissuchende Subjekt ganz auf sich zurückgeworfen, vermag es allein in sich selbst, in der individuellen Seele einen Mittelpunkt innerhalb des entsprechend dem Universum unermeßlichen Erkenntnisraumes zu setzen.

Diese Konzentration auf die individuellen Seelenkräfte, auf die Maßgeblichkeit subjektiver Erkenntnis führt jedoch nur scheinbar zu einem Anthropozentrismus, wird doch durch die Relativierung aller Standortbestimmungen im Unendlichen die Zentralstellung des Menschen in ontologischer wie gnoseologischer Hinsicht hinfällig. Die Einzigartigkeit des menschlichen Individuums aufgrund seines geistigen Reflexionsvermögens, die Fähigkeit, nicht nur Wissen zu erlangen, sondern sich seiner selbst als Vernunftwesen bewußt zu werden, läßt den einzelnen angesichts des Unendlichen nämlich zugleich die Beschränktheit und Perspektivität des je eigenen Erkenntnishorizontes erfahren. Sie läßt ihn aus dieser unendlichen Differenz seiner eigenen Nichtigkeit innewerden und eröffnet eine existentiell erfahrene, unüberwindbare Kluft. »Wer seine Weisheit vermehrt, vermehrt den Schmerz« (HL, 40), denn der heroisch Liebende findet, wie Bruno in Aufnahme dieser Worte Salomos formuliert, niemals im Erreichten ein Genügen. Nicht eher wird daher die von Willen und Intellekt bestimmte Seele von ihrer rastlosen Suche ablassen, bis sie dasjenige erreicht, was allem Wandel vorausgeht.

»Deshalb befindet sich die Seele immer in einer kreisförmigen Art der Annäherung und Bewegung. Denn immer sieht sie, daß jenes Ganze, das sie besitzt, ein meßbares Ding ist und deshalb für sich als solches nicht genügen kann, weder gut noch schön ist. Es ist nämlich nicht das All, nicht das absolute Sein, sondern ein kontrahiertes Sein, das als diese bestimmte Natur, Erscheinung und Form dem Intellekt und der Seele präsentiert wird. Immer also schreitet sie vom begriffenen und folglich meßbaren Schönen, das somit als Teil vom Ganzen schön ist, zu dem weiter, was wahrhaft schön ist, keinen Rand und keinerlei Umschreibung hat.« (HL, 69)

Diese Verfolgung des Unendlichen aber erfordert notwendigerweise eine unendliche Bewegung der Seele, die Bruno eine metaphysische Kreisbewegung nennt, denn sie verläuft um einen unendlichen Mittelpunkt, die unendliche Einheit Gottes. Und wenn auch dieses spiralförmige Kreisen ohne Ende ist, ohne Ankunft bleibt, wird sich die strebende Seele ihrer eigenen potentiellen Unendlichkeit bewußt, denn nie gibt sie sich mit »einer begriffenen Wahrheit zufrieden, sondern schreitet immer weiter und weiter zur unbegreiflichen Wahrheit fort« (HL, 144).

Aufgrund seines Erkenntnisvermögens, seiner freien intellektuellen Gestaltungsmöglichkeiten, der ingeniösen Fähigkeit, zu erfinden und zu entwerfen, kann das Individuum als göttliches Wesen bezeichnet werden. Es vermag aus sich selbst zu schöpfen, so wie »Künstler, die selbst Anfang und Ursache ihrer Tätigkeit sind« (HL, 49), und darin zeigt sich die göttliche Natur. Brunos Auseinandersetzung mit den prinzipiell unbeschränkten Entfaltungsmöglichkeiten mündet jedoch nicht in eine euphorische Feier des Menschen. Vielmehr richtet der Nolaner – darin liegt der Unterschied zu anthropologischen Konzepten der humanistischen Tradition – sein Augenmerk gerade auf das Abgründige und Schmerzliche dieser anthropologischen Bestimmung. Selbstgefühl und Selbstverständnis des Menschen, die Zwiespältigkeit eines seiner selbst bewußten, in seiner psychophysischen Konstitution zutiefst zerrissenen Individuums: dies sind die zentralen Aspekte der Schrift *Von den heroischen Leidenschaften.*

Die potentielle Unbeschränktheit ist nicht nur Auszeichnung, sondern stets begleitet von quälendem Ungenügen, dem Bewußtsein einer uneinholbaren Differenz. Denn sofern die Möglichkeiten unbegrenzt sind, bleiben sie unausschöpfbar, gibt es keine Zufriedenheit in einem erreichten Zustand, kein Genügen an einer Erkenntnis. Einerseits zeigen sich bei Bruno Ansätze eines Subjektivitätskonzeptes bzw. einer spezifischen Theorie menschlichen Selbstbewußtseins. Zugleich ist es gerade die durch das reflektierende Denken bedingte Abständigkeit von Erkennendem und Erkanntem, die Disproportionalität des endlichen Begreifens im Verhältnis zum unendlichen, indefiniten Einen, die das Gesuchte in unerreichbare Ferne rückt. Diese Unmöglichkeit, das ersehnte vollends einzuholen, macht gerade die Rastlosigkeit der menschlichen Seele aus.

Auch die Betonung der Sonderstellung des Menschen als vernunftfähigen Wesens führt bei Bruno nicht etwa zur Legitimation eines innerweltlichen Herrschaftsgestus. Wenn der Mensch dadurch gekennzeichnet ist, daß er – im Unterschied zum Tier – in seinem Handeln, Wollen und Denken nicht auf eine Lebensweise festgelegt ist, sondern seine unbestimmte Natur im Gegenteil die Selbstverwirklichung erst zur Aufgabe macht, Freiheit also in der Möglichkeit des Selbstentwurfes besteht, dann ist hiermit eine Aufwertung des Individuums eingeleitet. Gerade weil Bruno aber die individuelle Existenz in seinem anthropologischen Ansatz in äußerster Ambivalenz faßt, verkennt er nicht den mit dieser Freiheit einhergehenden Mangel an Orientierung, die ständig drohende Gefahr eines Absturzes.

Eben deshalb ist der Heros das Ideal eines Menschen, der sich über sein Schicksal erhebt, sich über dem Abgrund hält: »Es genügt, wenn alle sich aufmachen, es reicht, wenn jeder einzelne das ihm mögliche macht; ein heroischer Charakter wird lieber bei edlen Aufgaben, in denen er die Würde seines Charakters beweisen kann, stürzen oder mit Anstand versagen, als in weniger edlen und niedrigen Dingen Vollkommenheit erzielen [...] denn ein würdiger und heroischer Tod ist besser als ein unwürdiger und feiger Triumph.« (HL, 59)

Die Bedingungslosigkeit und nahezu existentielle Radikalität einer solchen philosophischen Lebenshaltung zeigt sich in wohl krassester Form in Brunos Interpretation des antiken Aktaion-Mythos.

Bekannt ist Ovids dichterische Bearbeitung des mythologischen Stoffes im dritten Buch der *Metamorphosen.* Danach fügt es das Schicksal, daß der Jüngling Aktaion, nachdem er in Begleitung seiner Gefährten in die Wälder zur Jagd ausgezogen ist, am Ende dieses Jagdtages allein durch das Gehölz streift und auf eine Grotte stößt, in der er der nackten Göttin Diana, die im Kreise ihrer Nymphen badet, ansichtig wird. Für diesen Frevel straft ihn die erzürnte Göttin der Jagd mit seiner Verwandlung in einen Hirsch, so daß der Jäger, in der Gestalt des Wildes von seiner eigenen Hundemeute aufgespürt, als Beutetier gehetzt und schließlich zerfleischt wird.

Die Metamorphose des Jägers zum Gejagten, der seinen eigenen Hunden grausam zum Opfer fällt, wird bei Bruno zur Allegorie der philosophischen Weisheitsjagd.[62] So steht der Jäger Aktaion für den »Intellekt, auf der Jagd nach göttlicher Weisheit« (HL, 64), der seine Hunde, die schnellfüßig vorpreschenden Windhunde intellektueller Tätigkeit und die kraftvollen, in Liebe zur Schönheit ausdauernden Bluthunde des Willens, ausschickt, um in einsamen Wäldern das verborgene Wild, die »intellegiblen Erscheinungen der idealen Begriffe« (HL, 65), d.h. das Göttliche, das sich in allen Dingen abbildhaft zeigt, aufzuspüren. Wie im Mythos widerfährt es dem Jäger, daß er plötzlich die Göttin Diana im strahlenden Liebreiz ihrer Schönheit erblickt und damit das eine Seiende, sofern es sich in der wahren begreifbaren Natur zeigt. Indem nun der Jagende dieses Göttliche in intellektueller Anschauung vollzieht bzw. sich hingerissen in Liebe zu dieser nackten Wahrheit selbst in das Objekt des Begehrens verwandelt, wird der Beutesuchende selbst zur Beute. Seine Gedanken richten sich nicht länger auf die wandelbare Außenwelt, durchlaufen nicht mehr das unwegsame

Dickicht der unendlichen Spiegelungen des Einen in allem, sondern begreifen, daß das Gesuchte im Suchenden selbst gegenwärtig ist. »Weil er nämlich die Gottheit in sich zusammengezogen hatte, war es nicht mehr notwendig, sie außerhalb seiner zu suchen.« (HL, 66) Während er von seiner eigenen gedanklichen Jagd ganz in Besitz genommen ist, »geben ihm seine vielen großen Hunde den Tod« (HL, 66). Hinsichtlich der vergänglichen Schönheit läßt er also sein Leben, denn während sein auf die körperliche Welt gerichtetes Interesse abstirbt, lebt er in der Lichtwerdung seiner Seele auf. Er führt ein rein geistiges Leben in Konzentration auf das seiner Seele immanente Göttliche, das ganz von ihm Besitz ergreift und dem er sich ganz hingibt, verliert sich an das Objekt und kommt zugleich erst in dieser Selbstaufgabe zu sich.

»Denn bei allen anderen Arten der Jagd, die man nach einzelnen Dingen macht, fängt der Jäger die anderen Dinge, indem er sie mit dem Munde der eigenen Intelligenz aufsaugt; aber bei jener göttlichen, allumfassenden Jagd geschieht das Ergreifen auf solche Weise, daß er gezwungenermaßen selbst auch begriffen, aufgesogen und einsgeworden bleibt.« (HL, 168)

In dieser zutiefst erotischen Metaphorik eines körperlichen Liebesaktes, der Sehnsucht nach einer Auflösung jeglicher Trennung von Wissendem und Gewußtem in der Intensität des Liebesvollzuges, drückt sich das höchste Ziel einer innerseelischen Einswerdung mit dem unendlichen Göttlichen aus, das die partikulare, körpergebundene Seele aber immer nur augenblickshaft erleben kann. Diese tiefste blitzschlagartige Erfüllung kennzeichnet den Tod des Liebenden, einen Todeskuß, der »gleichzeitig das ewige Leben ist, das der Mensch in seiner irdischen Zeit der Anlage nach, in der Ewigkeit aber als Wirklichkeit haben kann« (HL, 142).

2. Das lateinische Spätwerk

Mens – Intellectus – Anima

Setzen wir nochmals bei der Brunoschen Einheitsmetaphysik an. Über den Begriff einer absoluten Einheit, die sich anhand der Frühschriften als metaphysisches Zentrum und systematischer Kern einer philosophischen Grundlegung der Unendlichkeitslehre erwiesen hat, begründet Bruno nicht nur die Infinität der kosmischen Totalität, also die Unendlichkeit des physischen Universums bzw. einer immerwährenden Naturprozessualität. Die Neukonzeption erkenntnistheoretischer Prämissen wie die anthropologischen und ethischen Ansätze Brunos basieren auf dem Einheitsbegriff.

Das Brunosche Denken des Einen umgreift damit eine Unendlichkeitslehre in metaphysischer, physischer und logischer Hinsicht.

Wenngleich der Nolaner insbesondere auf dem metaphysischen System des Cusanus aufbaut, etwa wenn er das Verhältnis von Einheit und Vielheit über das Modell von Komplikation und Explikation philosophisch zu begründen sucht, darf dadurch nicht der Eindruck entstehen, Cusanus wäre der Gewährsmann einer von Bruno lediglich epigonal ausgeweiteten Metaphysik, denn gerade in den scheinbar nur Nuancen betreffenden Abweichungen werden die spezifisch Brunoschen Ansätze in ihrer Tragweite evident.

So ist es zwar zuerst Cusanus, der in seiner metaphysischen Einheitsspekulation aus dem Inbegriff des Seins, einem komplikativ allumfassenden, absolute Potentialität und Aktualität in der Identität einbegreifenden Gott auf ein im Modus der Explikation infinites Weltall schließt, hiermit aber keineswegs die wesenhafte Unterschiedenheit von Gott und Welt aufhebt. Vielmehr differenziert Cusanus zwischen einer negativen, absoluten Infinität Gottes und einer privativen Unendlichkeit des geschaffenen Universums[63], sofern letzteres lediglich in kontrahierter Form unendlich ist. »Unitas itaque maximi est in se absolute; unitas universi est in pluralitate contracte.«[64] Wenn das Universum auch alles ist, was es sein kann, weil es alle Möglichkeiten materieller Hervorbringung ganz realisiert, ist es doch gerade hierin eine vielheitliche Einheit, eine Gesamtheit von vielem im Unterschied zur absoluten Einheit, aus der es hervorgegangen ist und von der es abhängt. Das Universum ist nach Cusanus, weil es nicht größer sein kann, als es ist, unbegrenzt, ein Maximum, jedoch im Sinne einer endlichen Unendlichkeit.[65] Deshalb besteht zwischen der absoluten Infinität Gottes und der kontrahierten, in der Vielheit verschränkten Infinität des Universums eine Disproportionalität bzw. Unvergleichbarkeit[66], die Cusanus systematisch durch seine Christologie einholt.[67]

All dies muß dem Brunoschen Denken zunächst einmal ganz verwandt erscheinen. Auch bei Bruno wird die Differenz zwischen dem Einen und seiner notwendig rückhaltlosen Manifestation im unendlichen All nicht aufgehoben, ist doch das Universum unendliche Spiegelung des Absoluten und damit bereits Erscheinungsweise des Einen in der Andersheit. Mit diesem Spiegelcharakter verbindet sich zwar stets die Vorstellung eines Abbild- oder Scheincharakters, nicht zu verkennen ist aber bei Bruno die Betonung der Konvenienz und Ebenbildlichkeit der Einheit des Unendlichen im Verhältnis zum unendlichen Einen sowie die mit der Spiegelungsmetaphorik angelegte unmittelbare, notwendige Beziehung. Das Eine bzw. das göttliche Licht geht ganz in den schrankenlosen Spiegel ein, ist als immanentes ganz im Bild gegenwärtig und bleibt doch etwas Transzendentes, das seine unendliche Ausformung übersteigt: »lux inaccessibilis« (STM, 78), unzugängliches Licht. Diese Transzendenz des Einen hat in der Brunoschen Philosophie nichts mit einer Jenseitsvorstellung zu tun, sondern ist eher modal zu begreifen, d.h. als eine Seinsweise der Einheit, die im Modus von Immanenz und – gewissermaßen komplementär – im Modus der Transzendenz zu denken ist. In dieser transzendierten Seinsweise ist sie die logisch wie ontologisch uneinholbare Steigerung der Immanenz. Die dialektische Beziehung beider Seinsweisen sucht Bruno zum Ausdruck zu bringen, indem er die gegenseitige Bedingtheit dieser in sich unterscheidbaren Gleichzeitigkeit von Innen- und Außensein des Einen über korrelative Bestimmungen zu fassen sucht: intensive – extensive (vgl. z.B. UN, 51 f.), inclusus – exclusus (vgl. z.B. STM, 95, 98 f.), ubique – nusquam (vgl. TMM, 147). In diesen Wendungen drückt sich die spezifische Weise der Simultanität und Ubiquität des Einen aus.

Der Übergang von der absoluten Einheit in die physische Vielfalt ist somit keine Duplizierung, sondern markiert die modale Differenzierbarkeit des Einen in Form intensiver und extensiver Unendlichkeit. In Anknüpfung an Cusanus trifft auch Bruno eine Unterscheidung zwischen negativer und privativer Unendlichkeit (vgl. AC, 122; STM, 25)[68], allerdings nicht in der Weise, daß erstere ausschließlich Gott zukäme, während letztere die Gesamtheit des Geschaffenen kennzeichnete. Das unendliche Universum ist nach Bruno als Zugleich von Sein und Seinkönnen bzw. als indifferente, unveränderliche und unvergängliche Einheit eine in jeder Hinsicht unendliche Unendlichkeit. In bezug aber auf die unzähligen endlichen Teile innerhalb des infiniten Alls ist es in einem privativen Sinne unendlich zu nennen.

»Darin liegt der Unterschied zwischen dem Universum und den Dingen im Universum, daß jenes das ganze Sein und alle Seinsweisen umfaßt, während von diesen jedes das ganze Sein hat, aber nicht alle Seinsweisen.« (U, 134)

Deshalb konstatiert auch Bruno die Disproportionalität zwischen Endlichem und Unendlichem, eine Unvergleichbarkeit, die zwischen den endlichen Dingen im Universum und diesem als Gesamtheit ebenso besteht wie zwischen dem Endlichen und dem unendlichen Einen. Das absolut infinite Weltall ist als allumfassende Einheit das explikative Äquivalent zur komplikativen Einheit. In der Schrift *Acrotismus Camoeracensis* sagt Bruno über das Unendliche, und zwar in bezug auf das physische All, dieses sei als indifferentes Ganzes unbeschreibbar bzw. unbenennbar (vgl. AC, 119), d.h., wie die absolute Einheit Gottes ist es »ineffabile«.

Zu bedenken ist weiterhin, daß der Brunosche Gottesbegriff weder der theologischen Auffassung eines Schöpfergottes als Person noch einem trinitarischen Verständnis des innergöttlichen Selbstaufschlusses verpflichtet ist, sondern für ein unpersonales Prinzip, die metaphysische Einheit, steht, die als Gott oder Göttliches bezeichnet wird, insofern sie absolut Erstes, Vollkommenstes und unhintergehbare Ursache von allem ist. Eine absolute Wahrheit, Gutheit und Einheit, die sich, wie wir gesehen haben, notwendig ganz im Universum entfaltet. Als infiniter Spiegel des Einen ist die physische Mannigfaltigkeit des einen, allumfassenden Universums für Bruno daher nicht im Sinne einer spezifischen, dem göttlichen Schöpferwillen obliegenden, ausgewählten Verwirklichung der absoluten Möglichkeit in extenso zu verstehen. Sei es auch eine in größtmöglicher Vollkommenheit geschaffene Welt, ein in endlicher Weise unendliches Universum, wie es Cusanus postuliert, so haftet einem solchen Verständnis des Geschaffenen doch stets der

Makel des Kontingenten an, denn es muß sich die Frage stellen, warum sich das unerschöpfliche Repertoire göttlicher Omnipotenz in bloß eingeschränkter Weise manifestieren sollte. Die Welt wäre nur unter Vorbehalt vollkommen, keine Realisierung all dessen, was im Vermögen des Schöpfers liegt; der Schöpfer aber unterläge einer Selbstbeschränkung, würde mit seinem Allvermögen geizen, was Bruno bereits in *De l'infinito* zurückgewiesen hat.

Einem voluntaristischen, personalen Gottesbegriff begegnet Bruno, indem er Willen, Freiheit und Notwendigkeit der absoluten Einheit als ein und dasselbe setzt, so daß die Selbstentfaltung des Einen nur in eine uneingeschränkte, alles Mögliche auch verwirklichende Ausfaltung münden kann, denn in dem Einen sind Sein, Können und Wirken identisch. (Vgl. LTS, 41) Die absolute Notwendigkeit ist nichts anderes als absolute Freiheit oder der göttliche Willen. (Vgl. STM, 95) An die Stelle eines zwischen Gott und Welt vermittelnden Gottessohnes rückt damit bei Bruno das unendliche Universum als unmittelbares Evidentwerden des Einen.[69]

Nicht zuletzt aus diesem Grund beruft sich die Brunosche Einheitsmetaphysik immer wieder auf den spätantiken Neuplatonismus, auf lichtmetaphysische Emanationsmodelle, um den Über- und Ausfluß des Einen begreifbar zu machen, aber auch auf geometrische wie organismische Einheitsspekulationen pythagoreischer, stoischer wie pseudohermetischer Quellen, um die interne logische Notwendigkeit wie die Rückhaltlosigkeit dieser Selbstentfaltung zu veranschaulichen.

Unterziehen wir daher zunächst das systematische Problem einer Begründung der Beziehung von Einheit und Vielheit sowie die wechselseitige Durchdrungenheit von Form- und Materieprinzip einer genaueren Betrachtung. In seiner Schrift *De la causa* bestimmt Bruno über die wechselseitige Bedingtheit eines gleichermaßen unveränderlichen Form- und Materieprinzips das permanente Entstehen und Vergehen der körperlichen Vielheit. Damit ist eine Aufwertung des Materieprinzips eingeleitet, das, wenngleich in anderer Weise, nicht weniger konstitutiv für das Sein der Dinge, für Bewegung, Veränderung und umfassende Metamorphose aller Glieder des als solches unveränderlichen Universums ist als das Formprinzip. Beide sind substantielle Prinzipien, die letztendlich in eins zusammenfallen.

Auch in den *Lampas triginta statuarum* (Fackeln der dreißig Statuen) – einer Schrift, anhand deren sich exemplarisch verfolgen läßt, wie der Nolaner neuplatonische Philosopheme aufnimmt, um sie zur Basis seiner aus der Einheitsmetaphysik entwickelten Naturphilosophie zu machen – fragt Bruno nach den grundsätzlichen Bedingungen der materiellen bzw. körperlichen Zusammensetzung der physischen Welt, dem Zusammenwirken von absoluter Form und absoluter Materie. In Aufschlüsselung dieser metaphysischen Voraussetzungen stellt Bruno eine triadische Struktur der intelligiblen, formgebenden Prinzipien einer komplementären Trias der formnehmenden Prinzipien gegenüber, um das konkrete physisch Seiende aus der Verschränkung und Bedingtheit beider herzuleiten.

»Vorgestellt sind zwei Dreiheiten, wovon die eine an der untersten Stufe der Natur, die andere an der höchsten steht, die eine nennt man die des Leeren, die andere die der Fülle.« (LTS, 61)

Beginnen wir mit der intelligiblen Trias »plenitudo, idearum fons et lux« (LTS, 37), der Seinsfülle des göttlichen Geistes, dem ersten Intellekt als Quelle der Ideen und dem Licht als Kennzeichnung der Weltseele, die alles materielle Dunkel lichthaft durchdringt, ungeteilt in jedes Seiende eindringt und damit die Omnipräsenz des Einen garantiert. (Vgl. STM, 102 f.)

Wenn Bruno die Momente des Einen bzw. die Entfaltung der Einheit in die Vielheit über einen solchen Dreischritt darlegt, dann ist damit keineswegs eine Dreiheit in der Einheit angelegt, denn eine solche relational gefaßte Dreieinheit, wie sie etwa die Trinitätslehre vertritt, lehnt er rigoros ab. Auch bedarf die absolute Fülle des göttlichen Geistes keiner internen reflexiven Struktur, keiner Selbstsetzung, um erst hierin zum Bewußtsein ihrer selbst zu kommen, denn eine solche Selbstvergegenwärtigung bedingt, so Brunos Einwand, eine Trennung von Erkennendem und Erkanntem, die der absoluten Einfachheit des Einen widerspricht, das sich vielmehr schon gegenwärtig ist. (Vgl. SP, 709; STM, 113 f.)

Eher ließe sich von einer Differenzierung der Wirkweisen des Einen im Zuge der Explikation in die Vielheit sprechen, die als fließender Übergang zu denken ist. Deshalb vergleicht Bruno den göttlichen Geist mit einem infiniten Licht, in dem Lichtquelle, Ausstrahlung und Leuchten ein und dasselbe sind, »unitas et identitas« (LTS, 38), oder einem ununterscheidbaren Zusammenfluß von Quelle, Fluß und Meer bzw. einer unendlichen Sphäre, in der Mittelpunkt, Durchmesser, Zirkumferenz und alle Ausmaße und Dimensionen identisch sind. (Vgl. LTS, 38 f.)[70] In dieser absoluten Einheit und einfachsten Substanz gibt es keinerlei Unterschiedenheit oder Gegensätzlichkeit, keine quantitative oder qualitative Diversität, denn als Fülle schlechthin ist sie reine Identität. »Est supra omnia, infra omnia, in omnibus« (LTS, 40), sie geht allem in absoluter Weise voraus, liegt allem zugrunde, ist in allen Dingen. Als solchermaßen unbegreifbare, unvergleichliche, unbenennbare dreiheitliche und zugleich einfachste Ursache von allem (vgl. LTS, 43) ist das Eine so tief in allem, daß es über jedes hinausweist.

Aus dieser absoluten Seinsfülle läßt Bruno den ersten Intellekt als »activissima efficacia« (LTS, 44), aktivste Wirkkraft und Quelle der Ideen hervorgehen. Denn während der göttliche bzw. väterliche Geist (»mens paterna«) als Wesen aller Wesen zu verstehen ist, pflanzt sich dieser erste Ursprung im universalen Intellekt als Ausstrahlung der intelligiblen Fülle fort, um sich schließlich über die Weltseele oder den alles durchdringenden lebendigen Lichtglanz den Dingen mitzuteilen.

Bruno entwickelt anhand dieser Licht- oder Fließmetaphorik ein Modell der Selbstentfaltung des metaphysischen Zentrums, das ihm ermöglicht zu zeigen, wie die absolute Einheit zugleich in sich ruhende, unveränderliche Fülle bleibt und gleichzeitig in ihrem notwendigen Überfluß und -fließen überall ganz gegenwärtig ist, d.h., sich vollständig in mannigfaltigster Vielförmigkeit verwirklicht, ohne dabei selbst einer Vervielfältigung zu unterliegen.

»Er [der göttliche Geist] reicht von einem Ende bis zum anderen, so daß er über alles hinausgeht, ohne ausgeschlossen zu sein, unterhalb von allem, ohne unterliegendes zu sein, in allen Dingen, ohne eingeschlossen zu sein.« (LTS, 43)

Diese Einheit ist als ein uneinholbarer transzendenter Mittelpunkt zu denken wie als immanenter, partizipativ allgegenwärtiger Seinsgrund in allem vermittels der Wirkkraft des Intellektes, dem Geber der Formen bzw. der Weltseele, die sie der Materie einpflanzt.

Diesen Explikationsprozeß sucht Bruno einerseits als Übergang von dem Einen in die Vielheit des Seienden gleich der kreisförmigen Ausweitung eines unbeweglichen Punktes über verschiedene Grade der Mitteilung begreifbar zu machen. Andererseits muß diese Differenzierung von Zentrum, Ausfließen und Ausfüllung als ein kontinuierlicher Fluß begriffen werden. Die Gleichzeitigkeit von stufenweiser Entfaltung und fließendem Ausströmen faßt Bruno im Bild eines ins Wasser geworfenen Steins, der eine sich fortlaufend entfaltende Kreisbildung bewirkt. (Vgl. LTS, 50)

»So wie aus dem Zentrum der Fülle das Licht hervorgebracht ist, aus dem Licht der Lichtglanz, so ist aus dem Geist der Intellekt hervorgegangen, aus dem Intellekt geht die Leidenschaft oder Liebe hervor; der Geist sitzt allem vor, der Intellekt sieht alles und verteilt, die Liebe verfertigt alles kunstvoll und stellt Ordnung her.« (LTS, 53)

Insbesondere die alles verbindende Liebe, die Weltseele bzw. der universale Spiritus, ist es, durch die das Eine in alles eingeht. Die Weltseele formiert die Materie aus dem Innern, sie ist der »motor« (LTS, 54) der Materie, insofern sie belebt, beseelt, jedem individuellen Körper Bewegung und dem Ganzen Zusammenhang verleiht, den »nexus rerum omnium« (LTS, 61). Aufgrund dieser vielfältigsten Beziehungsverhältnisse unter den körperlichen Dingen wird die Liebe als Wirkweise der Weltseele ein großer Dämon genannt, denn sie ist das Movens aller sympathetischen Anziehungs- und Abstoßungskräfte zwischen den natürlichen Dingen, die Naturkraft schlechthin.

Die Weltseele regt also in ihrer Funktion als »natura formatrix« (LTS, 61) die Ausgestaltung der Materie an, bringt Vielgestaltigkeit und Lebendigkeit hervor und setzt den wechselseitigen Nexus und Austausch der Dinge in Bewegung. Vermöge ihrer vitalisierenden Kraft im Ganzen wie in jedem beliebigen Teil stiftet sie die Einheit innerhalb des Universums und bindet zugleich jedes einzelne Seiende an die absolute Einheit zurück.

Das über den ersten Intellekt und die Seele sich vollziehende Einfließen des göttlichen Geistes in die Gesamtheit der Naturdinge ist dabei nicht als eine zeitliche Abfolge zu verstehen, sondern als ein zeitloses Geschehen, ein immerfort sich vollziehendes Diffundieren.

Ganz von der Weltseele, vom universalen Spiritus durchdrungen, bringt die gebärfreudige Materie somit die körperliche Gestaltenvielfalt hervor. Bei diesem Zusammengehen von formverleihender Seele und formverkörpernder Materie in der Erzeugung der natürlichen Dinge bleibt Bruno allerdings nicht stehen, sondern fragt grundsätzlicher nach den Bedingungen, die eine Entfaltung der infiniten Seinsfülle überhaupt erst ermöglichen. Müssen nicht mit dem notwendig überfließenden Einen ein gleichursprüngliches, ebenso infinites reines Aufnahmevermögen sowie ein unendliches Begehren einhergehen?

So faßt Bruno unter der Bezeichnung »Chaos« das leere räumliche, präexistente Aufnahmevermögen als Bedingung der Möglichkeit jeglicher körperlichen Ausdehnung und Verortung, dasjenige also, was jeder physischen Gestaltwerdung als indefinites, unbegrenztes, nicht örtlich aufzufassendes Behältnis vorausgeht: der dimensionslose, dimensionierte Erstreckung des Materiellen erst ermöglichende Raum oder das Vakuum.

»Vakuum« ist zu verstehen im Sinne eines unendlicher Größe aufnahmefähigen Raumes, der absoluten Indifferenz und kontinuierlichen Erstreckung ohne ausgezeichnete Stellen, der Voraussetzung jedes raum-zeitlichen, determinierten Seins. Ein Raum, der sich mit der Erstreckung des infiniten Universums deckt, ohne mit ihm identisch zu sein.

»Es wird Vakuum genannt wegen seines Fassungsvermögens, Chaos wegen der Gestaltlosigkeit, Leere wegen der Unbenennbarkeit und Unbestimmbarkeit, Fülle wegen des aktualen Zusammenhaltes, Ort wegen der in diesem stattfindenden wechselnden Bewegungsvorgänge der Körper, Behältnis wegen der Adaequatheit seiner Dimensionen, mit denen es aufnimmt, im Verhältnis zu den Dimensionen der Dinge, die aufgenommen werden.« (LTS, 15 f.)

Auf dieses »vacuum et infinitum«, den in jeder Hinsicht absolut indifferenten Raum, folgt der Orkus als Sinnbild eines gleichermaßen infiniten Entbehrens und Verlangens (vgl. LTS, 16), denn wenn es ein unvergängliches Gutes gibt, dann muß es diesem entsprechend ein ebenso unstillbares Begehren nach dem Guten geben (vgl. LTS, 18). Bruno setzt damit zunächst leeren Raum als Komplement der absoluten Seinsfülle. Sofern diese Fülle als Güte sich verschwenderisch an alles mittels der Ausstrahlung des universalen Intellektes ausgibt, bedarf es eines indeterminierten Strebens, das gewissermaßen das Verlangen nach Erfüllung ist. Neben einem Universum des Lichtes und der Fülle oder der lichthaften intelligiblen Fülle ist es also ebenso notwendig, so Bruno, ein Universum anzunehmen, in das die Fülle einfließen, das sie inspirieren und erfüllen kann. (Vgl. LTS, 20)

Damit aber aus Licht und Dunkel, Fülle und Leere das gesamte allbelebte Universum, die Vielzahl der zusammengesetzten Dinge hervorgehen können, führt Bruno als dritte Stufe des Gestaltlosen die Nacht oder erste Materie (»prima materia«) ein. Aus der Verbindung der Materie mit der Seele, dem dritten der intelligiblen Prinzipien, geht die Zusammensetzung der Dinge hervor. Die »prima materia« ist somit Voraussetzung der Entstehung der materiellen Erscheinungen. Als selbst nicht sinnlich wahrnehmbares, unwandelbares, unteilbares Zugrundeliegendes, als ein solches »subiectum individuum« (LTS, 24) aller natürlichen Arten ist sie die »constantissima natura« (LTS, 25), die beständigste Natur selbst. Denn während das Chaos das reine räumliche Fassungsvermögen, der Orkus aber das grenzenlose Verlangen kennzeichnet, ist es erst die Materie als dem Lichtprinzip entgegengesetztes Dunkel, die sich mit dem Licht vereint: »veluti connubium acceptat, luci utpote coniugabilis« (LTS, 25).

Dieses erste Zugrundeliegende des Seienden vollzieht also gleichsam den »Beischlaf« mit dem Licht, weil es dem Licht in der Weise verbindbar ist, daß aus der Durchdringung von Licht und Dunkel, Form und Materie die unendliche Mannigfaltigkeit der Erzeugungen hervorgeht. Mit dieser erotischen Metaphorik umschreibt Bruno eine Hochzeit von Himmel und Erde, von Formfülle und Formvermögen, verkörpert durch »matre Nocte et patre Luce« (LTS, 19), die mütterliche Materie und den väterlichen Geist, aus deren Zusammenführung das Universum erzeugt wird.

»So wie die Form also ohne Materie unbestimmt ist, so auch die Materie ohne Form; gegenseitig also werden sie begrenzt, wenn sie in eine Zusammensetzung eingehen.« (LTS, 28)

Die Materie im absoluten Sinne ist damit für Bruno gleichermaßen konstitutives Prinzip für die Entstehung der natürlichen Dinge (vgl. LTS, 28) wie die absolute Form, denn während letztere als göttliche Einheit, absolute Seinsfülle und Güte den höchsten Grad der Naturskala einnimmt, gewissermaßen die über das Sein des Physischen hinausgehende, dieses erst als seinsgebende erste Ursache bewirkende Überwesenheit ist, ist erstere im eigentlichen Sinne weder Sein noch Wesen, sondern quasi ein »infra ens« (LTS, 29), also dasjeinige, was unterhalb des Seienden anzunehmen ist, oder der alles Sein als Seinkönnen ermöglichende Grund.

Bruno unternimmt mit dieser metaphorisch versinnbildlichten vollständigen wechselseitigen Durchdrungenheit von formgebenden und formnehmenden Prinzipien den Versuch, die extensive Entfaltung des Einen im körperlichen Universum in differenzierter Darlegung der Bedingungen begreifbar zu machen.

Damit ist kein Dualismus von Form- und Materieprinzip angezeigt, was der Brunoschen Einheitslehre zuwiderliefe. Hingegen stellt der Nolaner hiermit einen Erklärungsansatz vor, anhand dessen die Naturprozessualität und damit die immerzu im Gestaltwechsel befindlichen körperlich-materiellen Erscheinungen als flüchtige Konkretionen einer natürlichen Zyklik innerhalb des infiniten Universums begriffen werden können. Die unablässige Bewegung und Veränderung aber resultiert aus der Wechselwirkung von Materie- und Formprinzip. Trachtet die Materie stets danach, ihre gegenwärtige Form abzulegen, um alle Möglichkeiten im Lauf einer ewigen Metamorphose zu verwirklichen (vgl. LTS, 35), so sucht auch die Form immer wieder neu im fruchtbaren Schoß der Materie wirksam zu werden, anderes zu erzeugen. Hält man sich dies vor Augen, erscheint die von Bruno vielerorts angewandte Zeugungs- und Sexualmetaphorik nicht als sinnbildliche Ausdrucksweise in Ermangelung begrifflicher Klarheit, sondern möglicherweise birgt gerade die erotische Verklammerung von Form und Materie, »e quorum coitu naturalia generantur« (LTS, 30), eine modellhafte Erklärung dafür, wie beide in einer unauflösbaren Beziehungseinheit stehen, denn in der sichtbaren Natur findet sich nirgendwo das eine ohne das andere, ohne daß eine prinzipielle Differenzierbarkeit aufgegeben würde.

Kosmos – Seele – Natur

»Definimus ergo universum: substantiam corpoream infinitam, in spatio infinito.« (AC, 75) Das Universum ist – folgen wir Brunos gegen die Aristotelische Naturphilosophie gerichteter Definition – die unendliche körperliche Substanz im unendlichen Raum. Ein infinites Kontinuum, in dem sich Gestirne oder Welten in unendlicher Zahl befinden, außerhalb dieses Universums aber ist nichts von alledem, weder Ort noch Fülle, Leere oder Zeit. Der Nolaner nimmt in den lateinischen Schriften die zentralen naturphilosophischen bzw. kosmologischen Thesen wieder auf, die er in den italienischen Frühschriften, insbesondere in *De l'infinito*, formuliert hat.

Das Universum als ein »infinitum unum continuum« (AC, 75) ist also die in jeder Hinsicht und überall gleiche reine Erstreckung, das in Indifferenz aller Dimensionen bestehende infinite räumliche Aufnahmevermögen (»vacuum, spacium«) und zugleich dessen kontinuierliche substantielle Ausfüllung. Ein grenzenloser, unbegrenzbarer Raum, der notwendig eine infinite körperliche Substanz umschließt, denn der Raum oder das schrankenlose Enthaltenkönnen und das Enthaltensein aller Körper im Raum machen zusammen das Universum aus.

Wenn bei Bruno von einem leeren Raum die Rede ist, um damit einen Ort ohne Körper zu benennen, so handelt es sich um eine lediglich logisch vollziehbare Differenzierung, denn der Sache nach ist der ganze Raum vom Körperlichen erfüllt (vgl. AC, 131), d.h. von den wahrnehmbaren Körpern und der Luft bzw. dem Äther[71], so daß den unendlichen räumlichen Ausmaßen stets ein eine ebensolche Erstreckung einnehmender, lückenloser stofflicher Zusammenhang korrespondiert.

Der unendliche Raum ist also ein Vakuum, eine dimensional indifferente Leere als Bedingung des Erfülltwerdenkönnens von dimensioniertem Körperlichen, ein Raum, der immer schon ganz aufgenommen hat, was er aufnehmen kann. In diesem Sinne sind Ort, Raum, Fülle und Leere im infiniten Universum dasselbe: »Man nennt es Fülle, insofern es den Stoff besitzt, dessen Aufnehmendes es ist: Leere, sobald es ohne jene verstanden wird: Ort, soweit es enthält.« (AC, 133)

In Hinblick auf diese infinite einförmige Ganzheit – nicht auf die Teile im Universum – ist das Universum eine unterschiedslose Substanz, ein Seiendes, eine unbewegliche, unveränderliche, in sich ruhende Einheit, über die hinaus nichts räumlich Umfassendes existiert: »non habet extra se spacium« (AC, 120). Weil es schon alles ist, was es sein kann, ist es völlig ausgeschlossen, daß etwas außerhalb seiner ist, gewesen ist oder sein wird.

Als in dieser Weise infinites Universum kommen ihm weder Bewegung noch Veränderung zu, denn die »sphaera universalis est unum continuum universum infinitum immobile« (ART, 72), d.h., das Universum unterliegt weder Werden noch Vergehen, erleidet keine Zu- und Abnahme, besitzt keine bestimmte Quantität oder Qualität, erlaubt keine Unterscheidung in Teile des Ganzen. Vielmehr heben sich im unbegrenzten, unmeßbaren, von nichts Äußerem umfaßten oder beeinflußten Universum alle Unterschiede in der einen homogenen Gesamtheit auf.

»Sieh zuerst den infiniten Raum, dieser wird nicht bewegt. Sieh die infinite Materie im Raum, diese wird auch nicht bewegt. Sieh die Gestirne im Raum, diese werden bewegt; sie werden körperliche Welten genannt, die ohne Zahl sind, deren jede einzelne bewegt wird.« (I1, 256)[72]

Im Unterschied zum finiten Kugelkosmos, der dadurch gekennzeichnet ist, daß alle Extrempunkte sich in gleichem Abstand zu einem ruhenden Zentrum befinden bzw. die Planetensphären ein konzentrisch aufgebautes Schalengefüge bilden, läßt die infinite Sphäre kein Äquidistanzverhältnis in diesem Sinne zu, denn in einem in jeder Richtung unendlichen Raum kann jeder Punkt überhaupt nur in Relation zu anderen definiert werden.

Die Ubiquität des Infiniten löst jeglichen Unterschied in die Ununterschiedenheit eines an jeder Stelle gleichwertigen Raumes auf.

Über diesen Raumbegriff löst der Nolaner den festen Bezugsrahmen eines qua Umgrenzung finiten und damit in seinen Abmessungen definierbaren Weltalls auf, um so vor allem der Aristotelischen Orts- und Bewegungslehre den Boden zu entziehen.

Das Indifferenzkonzept liefert hierfür das logische Fundament. Wenn der Raum als homogener gefaßt wird, verlieren lokalisierende Zuschreibungen wie oben oder unten, links oder rechts, nah oder fern im Sinne fester Verortungen ihre Berechtigung und kennzeichnen statt dessen Relationsbeziehungen von Punkten, wobei, angesichts einer durch die Homogenitätsthese implizierten völligen Gleichartigkeit, von jeder Stelle im Raum alle Verhältnisbezüge hergestellt werden können, und zwar aus je subjektiver Betrachterperspektive. Alle Angaben zu Positionen und Bewegungsbeziehungen in Hinblick auf die unzähligen Welten im unendlichen All können aufgrund dieser Tatsache zwar standpunktbezogen Gültigkeit beanspruchen, doch prinzipiell sind alle Körper gleichwertige, selbstbewegte Glieder eines universalen Ordnungsgefüges, in dem sich die Vollkommenheit des Ganzen gerade in der lebendigen Bewegung und Veränderung der körperlichen Lebewesen im Universum realisiert.

Die Vollkommenheit dieser organismischen Einheit des wandelbar Vielen ist dabei einerseits zu unterscheiden von derjenigen Gottes bzw. der omnipräsenten, universalen Natur (vgl. I1, 307) und andererseits von der in sich ruhenden Totalität des infiniten Universums insgesamt, dem vollendeten Bild des Einen. Unter dem Terminus »perfectum simpliciter« (I1, 312) faßt Bruno das auf einfache Weise Vollkommene daher in zweierlei Hinsicht. Erstens ist die Gottheit eine absolute, allein durch sich bestehende, ewige Wesenheit, die ganz im Ganzen und in jedem Teil als die absolute Wahrheit und Gutheit wirkt. Zweites ist das infinite Universum in einfacher Weise vollkommen, denn als »corporeum illius immensum simulacrum« (I1, 312), als unermeßliches, körperliches Abbild des Einen ist es unveränderlich und, unzählige Welten umfassend, in unterschiedsloser Weise alles.

Die zahllosen, finiten, in ihrer Seinsweise je vollkommenen Welten oder lebendigen Glieder als Teile *im* Unendlichen aber kennzeichnen das »perfectum in genere« (I1, 312), eine Vollkommenheit, deren Merkmal nicht die unterschiedslose Einfachheit, sondern die Diversität des Vielgestaltigen und Vielförmigen ist. Jede der zahllosen Welten, jedes finite Lebewesen, jedes noch so gering scheinende Ding ist einzigartig in seiner Seinsweise und konstitutiv für die Zusammensetzung der lebendigen Ganzheit. Es handelt sich mithin um eine dynamische Einheit in der Vielheit, die sich aus der Harmonie des Gegensätzlichen, dem Zusammenwirken des Unterschiedlichen in fortwährender Bewegung ergibt. »Aus dieser Verschiedenheit und Gegensätzlichkeit kommt die Ordnung, die Symmetrie, der Aufbau, der Friede, die Eintracht, die Versöhnung, das Leben.« (UN, 119)

Unter Berufung auf die Gegensatzlehre Heraklits wie auf die Naturphilosophie des Empedokles, wonach Liebe und Haß die konstitutiven kosmologischen Prinzipien sind, erhält sich nach Bruno die lebendige kosmische Einheit in der Vielfalt gerade im permanenten Umschlag des Entgegengesetzten, in der Wechselwirkung des Verschiedenen, denn: »Omnis actio et omnis mutatio est de contrario in contrarium« (MAG, 472).

So wie ein Gemälde nicht allein durch Gold- und Purpurfarben zur Vollendung kommt, sondern durch eine Kontrastierung mit dunklen Tönen (vgl. I1, 310), oder eine musikalische Harmonie nicht durch eine, und sei es noch so klare Stimme erzeugt wird, sondern durch den Zusammenklang einer Variationsbreite von Stimmlagen (vgl. I1, 311), so gilt für die Vollkommenheit der lebendigen Vielheit im Universum, daß gerade die Variabilität und Varietät sich zu einer generativen bzw. sich immerfort generierenden Einheit fügen. Die Bewegung jedes einzelnen lebendigen Wesens ist Teilvorgang innerhalb der universalen Zyklizität der Natur. Betont der Vergleich mit dem Gemälde vor allem die gewissermaßen ästhetische Vollkommenheit des Sichtbaren als eine Komposition des Kontrastierenden, eine kunstvolle Durchdringung von Licht und Dunkel, aus der in unendlichen Abstufungsmöglichkeiten die Vielfalt der Farbigkeiten und Schattierungen des Seienden hervorgeht und damit eine Einheit in der Mannigfaltigkeit entstehen kann, so steht die Bezugnahme auf den musikalischen Zusammenklang des Verschiedenen gleichsam für die symphone Einheit der unzähligen Bewegungsabläufe und das harmonische Zusammenspiel des Lebendigen.

»Auch ist nichts im Universum etwas so Geringes, daß es nicht zur Wiederherstellung und Vollendung des Außerordentlichen beitragen würde. Ebenso ist nichts für irgendwen oder irgendwo etwas Schlechtes, was nicht für irgend jemanden an irgendeinem Ort etwas Gutes oder gar Bestes wäre. Demjenigen, der das Universum als ganzes in den Blick nimmt, bietet sich daher nichts als häßlich, schlecht oder unpassend dar: Verschiedenartigkeit und Entgegensetzung bewirken nämlich nicht, daß alle Dinge zusammengenommen nicht doch vortrefflich wären, je nachdem wie sie von der Natur gelenkt werden, die gleichsam wie ein Gesanglehrer die verschiedenen, hohen wie mittleren Stimmen in einer [...] aus allen bestehenden herrlichsten Symphonie zur Abstimmung bringt und zusammenführt.« (TMM, 272)

Der universale Raum ist somit nicht durch eine statische Ordnungsstruktur gekennzeichnet, er ist vielmehr Voraussetzung aller »Beziehungsmöglichkeiten«[73] und insofern gewissermaßen ein »System-Raum«[74]. Zwar gilt für das Universum insgesamt, daß es keinerlei Veränderung oder Bewegung unterliegt und damit von zeitloser Dauer ist, weil es alles Mögliche immer schon ganz realisiert hat, es also gar nichts werden kann, was es nicht bereits ist. (Vgl. ART, 72; I2, 10)

Anders aber verhält es sich mit den finiten Teilen im Universum, den unzähligen, kleinen und großen körperlichen Lebewesen, die allesamt in Bewegung befindlich sind, in einem lebendigen Austausch stehen und sich keinen Augenblick gleich verhalten.[75] Denn nichts einzelnes findet sein Genügen in einem jeweils erreichten Zustand, in einer Seinsweise, die nur temporäre, eingeschränkte Verwirklichung der unbeschränkten Möglichkeiten ist, die in der unvergänglichen materiellen Substanz liegen. Deshalb durchlaufen alle körperlichen Dinge sukzessive all die Gestaltwerdungen, die sie nicht auf einmal annehmen können. Alle Teile innerhalb des Ganzen durchleben in einer unablässigen Metamorphose der ewigen Materie verschiedenste Individuationen und Ausformungen. Kein Lebewesen, keine der lebendigen Welten verharrt mithin in einem Zustand bzw. an einem Ort, sondern überall herrschen Wechsel und Veränderung, denn indem ein jedes durch alle möglichen Erscheinungsformen hindurchgeht, erfüllt sich der Zweck des Ganzen. Der beständige Wechsel ist für Bruno die Zweckursache des Ganzen wie all seiner Teile. (Vgl. AS, 209) Bruno formuliert damit eine teleologische Struktur, deren Finalität das unerreichte Ziel ist, sofern die Vollendung in der Unaufhörlichkeit eines universalen Kreislaufes besteht. Denn gerade in der Permanenz der Veränderung realisiert sich das unendliche Vermögen auf unendliche, unaufhörliche Weise in der Explikationsbewegung im Körperlichen, so daß zu jedem Zeitpunkt alles verwirklicht ist, was sein kann, aber in keinem Moment alles auf einmal und gleichzeitig in einem einzelnen Teil.

Beweglichkeit, Vitalität sowie Selbsterhaltungsstreben jedes einzelnen Lebewesens und das harmonische Zusammenwirken aller Glieder dieser universalen, organismischen Einheit rühren nicht von einer äußeren Bewegungsursache her, sind nicht durch einen anstoßgebenden unbewegten Beweger bewirkt.

Vielmehr trägt kraft der Allgegenwart der Weltseele im Ganzen wie in allen Teilen jedes partizipativ beseelte Individuum seinen Bewegungsantrieb in sich.

Das unendliche Universum, die Relativierung jeglicher Richtungs- oder Ortsbestimmung im infiniten Raum bzw. der Wegfall einer qua Seinshierarchie festgelegten Wirkkausalität zugunsten eines schrankenlosen Bewegungsfreiraumes ist Voraussetzung dafür, daß sich das unendliche göttliche Eine in jeder Hinsicht und überall vermöge der Weltseele als die Materie von innen heraus gestaltendes Prinzip entfalten kann und allem Bewegung verleiht. Aufgrund dieses internen Bewegungsprinzipes vollzieht jegliches, seien es die zahllosen Planeten oder die kleinsten irdischen Lebewesen, lebendige Kreisbewegungen, denn nach Bruno verläuft jede natürliche Bewegung kreisförmig, allerdings nicht in geometrisch-exakter Form.

Zwar spricht auch Bruno von einem unbewegten Anfangsgrund jeglicher Bewegung (vgl. STM, 93; UN, 53; INF, 519), doch ist dies nicht im Sinne eines von außen auf den jeweiligen Körper einwirkenden Bewegungsimpulses zu verstehen. Vielmehr ist es das Eine bzw. die Weltseele, die allen körperlichen Dingen ein »Sich-bewegen-Können« (UN, 53) schenkt, d.h., als den Dingen innewohnende, partizipativ allgegenwärtige Kraft in jedem einzelnen Seienden in je eigentümlicher Weise wirksam wird.

Alle Arten der Bewegung, die in der Weltseele in Einheit und Einfachheit implikativ eines sind, besitzen die unterschiedlichen Dinge in einem ihrer Seinsweise entsprechenden Modus explikativ. (Vgl. I2, 86) Dies gilt nicht nur für diejenigen Dinge, die evidentermaßen als lebendig und bewegt in Erscheinung treten, sondern ebenso für das scheinbar Unbelebte, denn innerhalb des unendlichen Universums gibt es schlechthin nichts, was nicht potentiell an der Weltseele teilhätte, so daß alles beseelt, belebt und empfindungs- bzw. vernunftbegabt ist, sei es auch in latenter Form. (Vgl. LTS, 58)

»Daß in allen Dingen, selbst in den kleinsten oder für das äußere Auge verstümmelt oder ganz und gar unvollkommen erscheinenden eine Erkenntnis ist, können wir aus dem Vorausgeschickten schließen; nämlich vermittels einer Teilhabe an der [universalen] Intelligenz. Auch wenn wir die Intelligenz in einigen Dingen wegen des Fehlens entsprechender Organe oder aufgrund anderer Begleitumstände nicht in aktiver Form wahrnehmen, so wohnt doch allen Dingen die ganze Potenz inne, und folgerichtig schließen wir, daß die Intelligenz selbst, die mit der Weltseele zusammengeht und überall ganz das Göttliche selbst begleitet [...], dem Vermögen nach in allen Dingen ist [...]. In den gemischten Wesen also, welche Pflanzen oder Steine sind, finden wir zwar keine ausdrückliche Äußerungsweise der Intelligenz oder Erkenntnisfähigkeit, dagegen aber ein Sinnesvermögen [sensus].« (STM, 106 f.)

Wenngleich also die Partizipation an der Weltseele bzw. am universalen Intellekt nicht in allen Dingen gleichermaßen in Erscheinung tritt, besteht für Bruno kein Zweifel, daß der ganze Erdkörper oder jeder beliebige Planet ein Lebewesen ist, daß die Weltseele oder der universale Spiritus in alle, auch in die winzigsten Teile eingeht. Diese innere Potenz liegt in einigen Dingen lediglich passiv vor, während sie von anderen aktiv umgesetzt wird. »Wenn wir also auch nicht alle Dinge Lebewesen nennen, so zweifeln wir dennoch nicht, daß alles eine Seele besitzt und mit der Seele einen der Intelligenz bzw. des universalen Erkenntnisvermögens teilhaftigen Sinn, der hier in stärkerer, dort in schwächerer Form hervortritt.« (STM, 107)

Die Allbeseelung ist systematische Erklärungsgrundlage der Kontinuität der alles einbegreifenden zyklischen Bewegung innerhalb des lebendigen Universums insgesamt, einer Veränderlichkeit und Wandlungsfähigkeit aller Teile im selbst unbeweglichen, unveränderlichen Weltall auf der Basis einer inneren Verbundenheit und sympathetischen Einheit der Vielheit des Seienden.

Insbesondere in seinen magischen Schriften macht der Nolaner deutlich, daß die Weltseele oder der universale Spiritus ein in unterschiedlichster Weise – sei es in metaphysischer, physischer oder erkenntnistheoretischer Hinsicht – alles mit allem verbindendes Band (vinculum) ist, also ein universales Beziehungsgefüge herstellt.[76]

Werden und Vergehen des einzelnen, resolutive und kompositorische Prozesse sind somit Momente eines permanenten, innerkosmischen Kreislaufes, eines universalen Stoffwechselprozesses, bei dem weder die geistige noch die materielle Substanz einer Veränderung unterliegen, vielmehr zeigen sie die unendliche Potenz in unendlichen Ausformungen immerfort wechselnder Manifestationen.

Bruno geht also sowohl von einem stofflichen Kontinuum aus wie von einer durch die alles durchformende, allbelebende Weltseele gewährleisteten Konnexion aller endlichen, selbstbewegten Individuen. Die Bewegungsabläufe der unzähligen Lebewesen innerhalb des Alls stehen daher nicht unvermittelt nebeneinander, sondern greifen wie die verschiedenen Bewegungen einzelner Körperglieder ineinander, sind einem organismischen Zusammenhang zugehörig und dienen dem Erhalt und der Vollendung des Ganzen. Deshalb ist die Weltseele im Verhältnis zum Körperlichen wie ein lebenspendendes und -erhaltendes, in allen Teilen pulsierendes Herz des zyklischen Naturgeschehens zu denken.

Denn das, was Veränderung, Wachstum und Schwund, Leben, Entstehen bzw. Vergehen und Tod ausmacht, ist nichts anderes als der Zu- und Abfluß (»influxus et effluxus«) stofflicher Partikel (I1, 362), die Zusammenballung und Auflösung von Atomen (»atomorum exglomeratio [...] et agglomeratio«), gesteuert durch die individuelle Seele der jeweiligen körperlichen Komplexion. Diese Seelenkraft oder der »spiritus architector« (TMM, 143) im Einzelkörper reguliert das Verhältnis zu- und ausströmender Stoffteile und bestimmt damit über Wachstum, Konstanz und Zerfall des körperlichen Gebildes, das sich letztendlich wieder in elementare Bestandteile auflöst.

Wenn Bruno an verschiedenen Stellen die klimatologischen, geologischen und morphologischen Veränderungen der Erde oder anderer Planeten in Analogie zur Körperphysiologie betrachtet, d.h., Eigenschaften des körperlichen Organismus wie den Kreislauf des Blutes, Stoffwechselvorgänge, anatomische Funktionen oder die humoralpathologisch fundierte Grundkonstitution des Körperhaushaltes, auf die gleichermaßen als Lebewesen aufgefaßten Planeten und Gestirne überträgt, dann ist diese spekulative Gleichsetzung von mikro- und makrokosmischen Phänomenen Ausdruck der Annahme einer alle lebendigen, organismisch organisierten Wesen im Universum im zyklischen Rhythmus bestimmenden Mutabilität und Vitalität bzw. eines universalen stofflichen Austausches. Anziehungs- und Abstoßungskräfte, Repulsion und Attraktion, Sympathie und Antipathie etc. erklären sich als Wirkweisen der allen Dingen innewohnenden Kraft.

»Die Intelligenz ist also eine göttliche Kraft, die allen Dingen als Erkenntnisfähigkeit innewohnt, durch welche alle Lebewesen wahrnehmen, fühlen und in irgendeiner Weise erkennen. Denn ohne Erkenntnis [...] könnten nicht überall Lebewesen, Pflanzen und heterogene Körper von solch bewunderungswürdigem Bau entstehen, solchermaßen, daß sie alle in ihren Gliedern und durch eine so wunderbare Mannigfaltigkeit, bald im Teil, bald im Ganzen, eine Ähnlichkeit mit dem Weltall darstellen, und so bemühen sich alle, ihr Sein zu erhalten, das Widerstrebende zu fliehen, das Nützliche aber aufzusuchen. Denn ohne irgendein Sinnes- oder Erkenntnisvermögen [...] ballen sich nicht die Wassertropfen zusammen, um sich hierdurch nach Kräften zu erhalten, springen nicht Laub, Tierhäute und Halme aus dem Feuer und ziehen sich zusammen [...]. Dies ist auf eine gewisse Partizipation des Sinnesvermögens [an der universalen Intelligenz] zurückzuführen bzw. ist Wirkung der universalen, im gesamten Universum sich erstreckenden und sich fortpflanzenden Intelligenz, die sich als Hingezogensein und Neigung, Widerwillen und Abneigung, Liebe und Haß in allen Dingen auswirkt.« (STM, 103 f.)

Natürliche Kräfte und Beziehungen, Wechselwirkungen und Austauschverhältnisse etc. werden damit auf den qua Beseelung partizipativ allgegenwärtigen universalen Intellekt zurückgeführt. Vermöge dieser göttlichen Intelligenz oder des universalen Intellekts, der Mitteilung der absoluten Einheit (»verbum Dei«; STM, 101), verfügen die unzähligen beseelten, bewegungsfähigen Einzelwesen in je individueller Ausprägung über die Fähigkeiten Wahrnehmung, Empfindung und Erkenntnis. Damit formiert und reguliert diese intelligible göttliche Kraft, die Bruno auch universale Natur (vgl. I1, 307) nennt, die lebendige Einheit des Ganzen, d.h. den beständigen Umschlag der Gegensätze, die Dynamik des rhythmischen Wechsels von Werden und Vergehen und damit die allgemeine Ordnung und Gesetzmäßigkeit aller physischen Wirkverhältnisse, Alterationen und Bewegungskreisläufe. Die Natur ist in gewissem Sinne nichts anderes als Gott in den Dingen, »Natura est Deus in rebus« (VER, 284), oder genauer, die schaffende Natur als im Ganzen wirksam werdende Gesetzlichkeit und Notwendigkeit aller physischen Prozesse kennzeichnet die Einheit im Modus der Immanenz. Die Gottheit ist in allen Dingen gegenwärtig, teilt ihr Wesen, ihr Leben und ihren Intellekt mit, indem sie in verschiedensten Subjekten in unterschiedlicher Weise wirkt und als belebende Kraft widerstrahlt (vgl. SP, 778) bzw. sich als in der Natur verborgene Einheit in der Ordnung und harmonische Fügung der gegensätzlichen, wandelbaren physischen Erscheinungen manifestiert.

Damit stellt sich die Frage, ob Brunos Naturbegriff mit dem Gottesbegriff zur Deckung kommt, ob also die Gottheit als universales allerzeugendes Naturprinzip aufzufassen ist, so daß wir es mit einer Naturalisierung Gottes bzw. einer Vergöttlichung der Natur zu tun haben. Bruno legt diese Interpretation einer Einheit von Gott und Natur, »Natura Deusque« (I2, 312), vielerorts nahe, etwa wenn es heißt, die Natur sei entweder Gott selbst oder die göttliche, in den Dingen manifestierte Kraft. (Vgl. STM, 101) Und doch läßt der Nolaner eine Differenzierung anklingen zwischen der in die Gesamtheit der natürlichen Dinge eingehenden ordnenden Wirkweise des göttlichen Intellektes, der explikativen Allgegenwärtigkeit des Einen, so daß er den Intellekt letztlich als eine Gesetzmäßigkeit (lex intelligentiae) in den Dingen begreift, der die Natur selbst ist (vgl. STM, 105), und dem Einen oder Gott als »auctor naturae« (STM, 101), dem Schöpfer der Natur, der in allen Gliedern der Natur (articulos naturae), die seine Hand bzw. sein Werkzeug ist (illius manus est et instrumentum), präsent ist, rückhaltlos in die lebendige Vielfalt eingeht und doch etwa anderes ist als das Geschaffene.

Einerseits ist die göttliche Einheit, in der Sein, Wollen, Können, Freiheit und Notwendigkeit identisch sind, als allem immanentes Prinzip nicht unterschieden von der schöpferisch tätigen Natur bzw. der Naturgesetzlichkeit und -notwendigkeit (necessitate naturae; I1, 243, 246 f.), die der physischen Wirklichkeit, mithin dem kontinuierlichen Wechsel, dem fließenden Übergang der Gegensätze und der perpetuierenden Bewegung aller Erscheinungen im Sinne einer unwandelbaren geistigen Ordnungsstruktur zugrunde liegt: »opus naturae esse opus intelligentiae« (SS, 199). Als Harmonie im Wechsel des Entgegengesetzten und Ordnung des Vielförmigen gewährleistet sie das Leben und den Erhalt des Ganzen. Andererseits erklärt der Nolaner die Natur zum Instrument Gottes, zum Werkzeug göttlicher Vorsehung, rückt sie in unmittelbaren Zusammenhang mit der Definition der Weltseele, wenn es heißt, die Natur sei eine lebendige Kunst, welche die Materie von innen heraus formt und bewegt. Der Begriff der gestaltgebenden Natur erscheint hier in Gleichsetzung mit dem der Weltseele, denn an anderer Stelle bezeichnet Bruno die Weltseele als »ars artium«, so daß sie entweder als die »natura formatrix« selbst oder als Substanz der Natur und als »prima ars« zu verstehen sei. (Vgl. LTS, 61)

Gleichwohl bleibt zu fragen, ob mit dieser nahezu synonymen Verwendung der Termini »Natur«, »Weltseele« und »Intellekt« als den mit der Materie zusammenwirkenden Formprinzipien im Universum[77] letztlich auch die Identifizierung von Gott und Natur angezeigt ist. Dagegen scheint zu sprechen, daß Bruno immer wieder die transzendente Dimension der absoluten Einheit neben der Immanenz des Einen betont und damit, wie bereits erwähnt, eine modale Differenz kennzeichnet. Das heißt, einerseits ist die Gottheit ganz nah und vertraut, sofern sie allen Dingen als fruchtbare Natur und erhaltende Mutter des Universums innewohnt (vgl. SP, 780), und andererseits ruht das absolute Eine ganz in sich selbst, ist jeder Erfahrbarkeit in der Weise entzogen, daß es sich »in den Wirkungen der Natur mitteilt und dieser innerlicher ist, als die Natur selbst« (VER, 292). Wiederum steigert der Nolaner damit die Immanenz des Einen über eine Transzendierung des innersten Grundes, eine Gottheit, die als tiefste, innerlichste das Verborgenste und Absolute ist, so daß man Gott gewissermaßen als die Natur der Natur oder die Seele der Weltseele auffassen muß, wenn er nicht – so Bruno – diese selbst ist.

Zwar scheint der Brunosche Einheitsbegriff damit stets aus einer dialektischen Struktur von Transzendenz und Immanenz zu begreifen zu sein, doch das Verhältnis beider Seinsweisen des

Einen – absolut vor und über allen Dingen oder universale Natur in allen Dingen – ist in fließendem Übergang, nicht als Polarität, zu denken: »Der Geist [mens] über allen Dingen ist Gott. Der allen Dingen innewohnende Geist die Natur.« (TMM, 136)

Wenn die im geschaffenen Universum insgesamt wirkende bzw. in der Vielzahl der physischen Dinge widerstrahlende Natur etwas Göttliches ist, dann erfahren hiermit sowohl die Vorstellung des erzeugenden, allen Dingen zugrundeliegenden Prinzips Natur wie die sichtbare Welt als das Erzeugte, die harmonische Einheit und gesetzmäßige Ordnung einer unendlichen natürlichen Mannigfaltigkeit eine Aufwertung. Die Natur ist eine den Dingen innewohnende Kraft, die göttliche Notwendigkeit oder das Gesetz, nach dem alle endlichen Dinge ihren Lauf nehmen (vgl. I2, 310) bzw. gemäß dem sich in der Gesamtheit der Veränderungsprozesse die Vollkommenheit des Ganzen permanent realisiert. Systematisch ist dies von außerordentlicher Wichtigkeit für die Brunosche Philosophie, denn Naturerkenntnis, das Durchlaufen der unendlichen Stufen der Natur, das Verfolgen der Einheit in den Fußstapfen der Natur (vgl. AM, 65), die Ergründung der Prinzipien und Ursachen der physischen Welt und damit die Rückführung des Vielen auf die Einheit vermöge der Vernunft – dies ist der Weg der Einheitserkenntnis. In struktureller Analogie zur Gesetzmäßigkeit der Natur bildet der Verstand die logischen Strukturen der Erkenntnis aus, denn die Natur gibt dem Verstand, nicht der Verstand der Natur, das Gesetz. (Vgl. I2, 275)[78] Rationale Erkenntnis orientiert sich an der Naturordnung, in der sich der göttliche Geist (mens) in Vielzahl und Vielgestaltigkeit ausdrückt. Das heißt: Indem die Ratio die Komplexität und Strukturalität des Vielen mittels des diskursiven, messenden und vergleichenden Verstandes über eine analog strukturierte mathematische Logik aus einem einheitlichen Prinzip zu begründen versucht, führt sie die Vielheit auf die Einheit zurück. Insbesondere in den lateinischen Spätschriften kristallisiert sich dies als erkenntnistheoretisches Programm heraus.

»Gott fließt durch die Natur in den Verstand ein. Der Verstand wird durch die Natur zu Gott emporgehoben. Gott ist die Liebe, das Bewirkende, die Klarheit, das Licht. Die Natur ist liebenswert, das Objekt, Feuer und Glut. Der Verstand ist liebend, ein gewisses Subjekt, welches von der Natur in Brand gesetzt und von Gott erleuchtet wird.« (TMM, 136)

Kosmologie und Erkenntnistheorie

»Un grandissimo ritratto« (INF, 361), ein unumschränktes, wunderbares Bildnis der unbegreiflichen Erhabenheit des Einen – als diese mannigfaltige, von pulsierendem Leben erfüllte, in unbeschreiblicher Schönheit erstrahlende infinite Repräsentation der infiniten göttlichen Einheit (vgl. INF, 362) manifestiert sich das unendliche Weltall, die Ausfaltung der komplikativ allumfassenden Einheit im unermeßlichen kosmischen Raum. Wie der herrliche Erdenplanet rühmen unzählige flammende Himmelskörper die Majestät der unendlichen göttlichen Ursache. (Vgl. AC, 68) Beseelte Welten ohne Zahl befinden sich in einem allumfangenden ätherischen Schoß, lebendige Organismen, deren jeder wiederum aus zahllosen vollkommenen Einzelorganismen besteht, die allesamt in einem universalen Wirkzusammenhang stehen. In je spezifischer Weise hat alles an der lebenspendenden Kraft der Weltseele teil, so daß es nichts gibt, in dem die unendliche göttliche Wirkkraft nicht ihren Widerschein fände, weil »alle Dinge im Universum sind und [...] das Universum in allen Dingen ist, wir in ihm und es in uns, und so alles in eine vollkommene Einheit mündet« (U, 135).

Die aus dem metaphysischen Einheitsbegriff entfaltete, nach Vernunftgründen notwendig anzunehmende Unendlichkeit des Universums (vgl. INF, 376) wird von Bruno vielerorts enthusiastisch gefeiert, was nicht zuletzt als Ausdruck einer ästhetischen Bewunderung für die Vollkommenheit dieses grenzenlosen, allerfüllten Spiegelbildes des Einen aufgefaßt werden kann, ohne daß dies etwas mit Schwärmerei zu tun hätte. Vielmehr spricht sich hierin eine philosophische Begeisterung für die Entdeckung und Entschleierung der Schönheit und Mannigfaltigkeit der göttlichen Natur (vgl. CEN, 33) aus, in der das allem immanente Eine wie in unzähligen Spiegelungen aufscheint, was einhergeht mit dem intensiven Erlebnis einer Befreiung der Vernunft aus dem Kerker der endlichen Welt und damit einer Entgrenzung des geistigen Horizontes:

»Jetzt aber durchdringt der Geist den Himmel, [...] er tritt ein in ein Unendliches, er durcheilt verklärt die Himmelswelt, er streift durch die Kreise der Gestirne, er überfliegt [transvolat] die eingebildeten Schranken der Welt und die Grenzen der Sphären [...], die nur Erdichtungen der Blindheit der Philosophen und der Eitelkeit der Mathematiker sind: alle sphärischen Mauern verschwinden. Vor den Augen der sinnlichen Wahrnehmung und der Vernunft werden die Geheimnisse der Wahrheit [claustra veritatis] mit dem Schlüssel entdeckender Forschung aufgetan« (AC, 67).[79]

Nicht länger von falschen Vorurteilen, willkürlichen Lehrmeinungen und ignoranter Dummheit in Fesseln gelegt und von einer wie mit Blei beschwerten Urteilskraft niedergedrückt, erfährt die Seele ihr Vermögen, in den unermeßlichen Raum hinauszufliegen. (Vgl. AC, 66 f.) Sie erschließt ihren eigenen immensen Erkenntnisraum, eröffnet geistige Welten ohne Zahl und Schranken.

Diese euphorischen Beschreibungen aus Brunos *Acrotismus Camoeracensis*, der 1588 in Wittenberg gedruckten Streitschrift gegen die Aristotelische Naturphilosophie, mit der Bruno eine Ausarbeitung der in der skandalumwitterten Pariser Disputation (Pfingsten 1586) vorgestellten antiaristotelischen Thesen vorlegt, zeigen deutlich die enge systematische Verknüpfung der kosmologischen Unendlichkeitslehre mit einer Theorie subjektiver Erkenntnis, die sich in der Raummetaphorik ausdrückt. Der kosmologischen Unendlichkeit räumlicher Erstreckung korrespondiert die verräumlichende Auffassung des Denkens.

Grenzenlosigkeit, Homogenität, Variabilität und Relativierung aller raum-zeitlichen Fixierungen und Abmessungen, diese Eigenschaften des Brunoschen Kosmos bringen die ontologische Architektonik mittelalterlicher Metaphysik zum Einsturz. Mit der Aufhebung dieser Seinsordnung, einer ontologischen Enthierarchisierung, wird dem erkennenden Zugriff auf die Welt ein unendlicher Bewegungsraum gegeben, zugleich aber ein neuer Problemhorizont eröffnet. Mit der mittelalterlichen Metaphysik, dem finiten Weltbild verliert ein abbildtheoretisches Wissenskonzept, wonach sich Wissen in der adäquaten Erkenntnis der Wahrheit der Dinge manifestiert, seine Basis. Wenn die sichtbare Welt keine fixen Anhaltspunkte mehr gibt, sondern das infinite, relationale All durch unendliche Seinsformen und mannigfaltigste Konkretionen charakterisierbar ist, die sich in stetem stofflichem Gestaltwandel als Modifikationen einer unveränderlichen Substanz in der Weise infiniter Varianz präsentieren, dann muß sich die Frage nach der Möglichkeit und Verankerung einer Erkenntnis hinsichtlich der physischen Wirklichkeit neu stellen.

Wenn Bruno von unendlichen Seinsstufen und -graden spricht (vgl. z.B. HL, 83, 96, 128), differenten, aber jeweils vollkommenen, der Einheit unmittelbar teilhaftigen Seinsmodi, entzieht er der mittelalterlichen pyramidalen Seinsschichtung, der wirkursächlichen Vertikale von der höchsten metaphysischen Ursache bis zu den niedrigsten Wesen, die Grundlagen. Im Brunoschen Kosmos entfalten sich Ordnung und Zusammenhang der Dinge als harmonischer Wechsel der Gegensätze innerhalb eines universalen, alle Glieder des lebendigen Ganzen einbegreifenden Wirkzusammenhangs. An die Stelle eines festen Welt- und Denkgebäudes tritt ein dynamisch-prozessualer Welt- und Erfahrungsraum, dessen relationales bzw. multifunktionales Strukturgefüge einen veränderten Denktypus erfordert.[80] Angesichts der unendlichen Fülle und eines lediglich kontextuell oder referentiell zu bestimmenden Status der Dinge wird das Problem des Wißbaren wie der Gewißheit virulent, denn die Befreiung des Denkens aus der Umschränkung geht einher mit einem gewissen Orientierungsverlust in einem Universum, in dem keine absoluten Maße, Größen oder Mengen gelten, sondern das nur als strukturiertes Beziehungsgefüge meßbar, zählbar und quantitativ wie qualitativ bestimmbar ist.

Wie Cusanus und Marsilio Ficino, die den Gedanken einer unendlichen Bewegung der Vernunft zum Ausgangspunkt einer Thematisierung der subjektiven Konstitution von Welterkenntnis machen, erhebt auch Bruno die individuelle, subjektive Erkenntnisperspektive in den Rang einer maßgeblichen Instanz: Demnach erkennt der Mensch vermöge seiner mensural verfaßten Vernunft (mens) Ordnung und Zusammenhang der Welt. Das heißt, daß es nicht länger eine vermeintlich objektive Gegebenheit der Dinge ist, die ihre Widerspiegelung in einer bloß abbildenden Erkenntnis findet, ohne daß es andererseits der menschliche Verstand allein ist, der sich auf die Welt abbildet und ihr damit das Gepräge seiner Anschauungsformen verleiht, sich also konstruktiv in der Welt spiegelt.[81]

Vielmehr scheint das Spiegelungsverhältnis, nicht zuletzt eingedenk der Tatsache, daß das erkennende Individuum ebenso Teil des Ganzen wie dessen objektivierender Betrachter ist, komplexer. Der göttliche Weltenspiegel (vgl. LTS, 46), das Universum ist nicht bloß Projektionsfläche der erkennenden Vernunft, sondern als relationales Ordnungsgefüge »der Symmetrie des in den Dingen liegenden Gesetztes« (HL, 51) durchaus strukturgebend für das Denken. In gewissem Sinne manifestiert sich in der individuellen Reflexion auf die Ordnung der Dinge eine Widerspiegelung, jedoch nicht als rezeptive Abbildung. Wenn Bruno das Individuum als lebendigen Spiegel faßt, dann deutet sich hierin eine Interdependenz der Strukturalität weltförmigen Erkennens und vernunftförmiger Welt an.[82]

Was aber ist der Garant dafür, daß sich die Vernunft im Blick auf die Welt, die sich wie durch Ritzen und Fenster nur in je endlicher, ausschnitthafter Erkenntnishinsicht darstellt, nicht in beliebigen Einsichten verliert? Was gewährleistet eine zumindest annähernde Gewißheit der Wissensinhalte im Verhältnis zur Infinität des Wißbaren, was die Kompatibilität verschiedener perspektivischer Zugänge und wissenschaftlicher Methoden? Hier zeigt sich, daß die subjektivistische Betonung des individuellen Vernunftvermögens bei Bruno nicht ohne eine metaphysische Grundlegung auskommt: den einen immanenten göttlichen Grund, der den Denkstrukturen der partikularen Vernunft wie der intelligiblen Struktur des Seienden insgesamt zugrunde liegt, eine strukturale Analogizität sichert und sich als transzendenter zugleich entzieht.[83]

Bereits in den *Heroischen Leidenschaften* hat Bruno diesen Aspekt der Schrankenlosigkeit subjektiver Erkenntnisbewegung betont, die zwar in immerwährender Annäherung das Eine selbst niemals begreifen kann, aber im endlosen Durchlaufen der unendlichen Fülle des Seienden ihres eigenen Vernunftvermögens inne wird. Gerade in der Unabschließbarkeit der Bewegung, dem Versuch, das unendliche Eine zu denken, erweist sich das Denken selbst als unendliches, der Gottheit teilhaftiges.

Indem die individuelle Seele sich angesichts der grenzenlosen Erstreckung des unendlichen Weltalls der Reichweite ihres infiniten geisten Vermögens, der unendlichen Möglichkeit einer Reflexion auf die göttliche Einheit, bewußt wird, offenbart sich im Prozeß dieser permanenten metaphysischen Zirkulation in Konzentration auf den göttlichen Mittelpunkt ihre gottähnliche Potenz. In der Kreisbewegung des auf die Einheit des Alls reflektierenden Denkens kehrt das erkennende Subjekt über die niemals auszuschöpfende Möglichkeit einer Erkenntnis im Hinblick auf die infinite Ausfaltung des Einen im unendlichen All bzw. der sichtbaren Natur zu sich zurück, es kommt zum Bewußtsein der innerseelischen Infinität und Divinität. In Bewußtwerdung dieser geistigen Potenz braucht das erkennende Individuum »die Gottheit nicht in der Ferne zu suchen« (AS, 93), denn weil die göttliche Einheit vermöge der Weltseele partizipativ ganz in jedem einzelnen gegenwärtig ist, wohnt sie der partikularen Seele des Erkennenden ganz inne, ja sie ist ihm innerlicher, als das Ich sich selbst sein könnte.

Über diese absolute Immanenz des Einen, das »uns nahe und sogar tiefer in uns als wir selbst« (AS, 93) ist, begründet sich die Reflexion des Denkens auf sich selbst als die Vergegenwärtigung des Göttlichen in der Tiefe der Seele. Diese göttliche Infinität bzw. der interne göttliche Mittelpunkt der reflexiven Selbstumkreisung ist konstitutive Bedingung der Möglichkeit einer Beziehung des endlichen Erkenntnisvermögens zur unendlichen physischen Wirklichkeit.

Welterkenntnis führt damit zur Selbsterkenntnis mit dem Ziel der Gotteserkenntnis, die allerdings für die reflektierende Vernunft lediglich als das Zentrum einer permanenten Selbstumkreisung vollzogen wird.

In verschiedenen Schriften betont Bruno diesen vom Erkennenden zu durchlaufenden selbstreflexiven Prozeß, in dem das erkennende Subjekt erst zum Bewußtsein seiner selbst kommt, sofern es in der intellektuellen Erfahrung der unendlichen physischen Mannigfaltigkeit zur Entdeckung des in ihm selbst liegenden geistigen Universums kommt, um das Eine letztendlich in sich selbst zu suchen.

»Von hier aus kommen wir zur Entdeckung der unendlichen Wirkung einer unendlichen Ursache, von hier aus kommen wir zur Anschauung der Gottheit – nicht als einer, die außerhalb unserer selbst wäre, für sich seiend und in großer Entfernung von uns, *sondern als einer, die in uns selbst ist, weil sie nämlich zur Gänze überall sein muß*; diese Gottheit *ist uns innerlicher, als wir uns selbst innerlich sein können*: wenn sie in Wahrheit das ist, was allen Wesenheiten und dem ganzen Sein Substantialität verleiht, dann ist sie auch der wesentlichste Mittelpunkt.« (AC, 68)[84]

Diese Rückwendung der Seele auf sich selbst ist jedoch nicht im Sinne einer mystischen Weltabkehr oder Verinnerlichung zu verstehen. Die Hinwendung zur Fülle der natürlichen Erscheinungen ist geradezu Voraussetzung der Innewerdung des unendlichen Einen in allem und damit der Selbstkonstitution des Erkennenden.

Ist damit aber überhaupt noch eine über die Weltimmanenz Gottes hinausgehende transzendente Ursache notwendig? Zeigt sich hier nicht vielmehr ein Konzept, in dem sich die Vorstellung eines transzendentalen Subjektes, einer autonomen, apriorisch verfaßten Vernunft ankündigt?[85] Erfüllt die Transzendenzbeziehung eine rein logische Begründungsfunktion, die sich bei Bruno andeutet, wenn er etwa formuliert, die Metaphysik sei nichts anderes als ein Teil der Logik? (Vgl. CA, 917) Handelt es sich bei dem Begriff eines absoluten Einen also um eine hypothetische Setzung[86], oder spielt die transzendente Einheit nicht auch als die zugleich absolut innerliche wie absolut äußerliche substantielle Einheit von allem eine entscheidende Rolle? Konfrontiert mit einer dialektischen Struktur von Transzendenz und Immanenz des Einen, wird diese Problematik sich in den Brunoschen Schriften immer wieder einstellen.

Betrachten wir daher genauer, wie Bruno die strukturelle Analogie von Seinsentfaltung aus der Einheit in die Vielheit und der Rückführung des Vielen auf die Einheit vermöge der Erkenntnisbewegung faßt und was es mit dem Brunoschen Modell einer Stufenleiter von Sein und Erkennen auf sich hat.

Weil die göttliche Einheit, das »centrum omnium naturarum« und die »essentia essentiarum« (LTS, 40), aufgrund der Wirkweise des universellen Intellekts, des Vermögens der Weltseele, überall ganz gegenwärtig ist, weil prinzipiell jedes individuelle Lebewesen beseelt ist, besitzt jedes – in aktiver oder passiver Form – Wahrnehmungsfähigkeit, Empfindung und Verstand. Dieses intellektuelle Vermögen zeigt sich aber in jedem einzelnen als eine spezifische Intelligenz, die sich je nach körperlicher Beschaffenheit, Lebensweise und dem Lebensraum in der Ordnung der natürlichen Dinge unterschiedlich ausprägt und damit so vielfältig ist wie die Zahl der einzigartigen Individuen selbst. Ob es sich nun um eine Pflanze, ein Tier, den Menschen oder die unzähligen Himmelskörper handelt, in jedem dieser beseelten Wesen spiegelt sich das Eine gewissermaßen in unterschiedlichen Brechungsgraden, alles hat teil am Licht der einen göttlichen Sonne, die in jedem einzelnen als spezifische Verwirklichung und perspektivischer Blick auf das Eine widerstrahlt. So wie das Licht des göttlichen Intellektes (Sonne) in einem zusammenhängenden Spiegel ganz widerscheint, ebenso wird die Einheit, wenn man sich diesen Spiegel zerbrochen vorstellt, von den unzähligen Splittern ganz repräsentiert, wenngleich bedingt durch die Verschiedenheit der Bruchstücke in differenten Modi. (Vgl. LTS, 59)

Deshalb gibt es nach Bruno ebenso viele Anschauungsweisen des Einen, wie es unterschiedliche Arten seiner Verkörperung in der Vielzahl der Lebewesen gibt. Diese stellen nach dem Grad der Realisation ihrer erkennenden, wahrnehmenden und empfindenden Vermögen die unendliche Stufenleiter der Natur dar.

Insbesondere über diese neuplatonisch fundierten lichtmetaphysischen Begründungsansätze sucht Bruno die absolute Immanenz des Einen in allem zu verdeutlichen, ohne die gleichzeitige Transzendenz des Absoluten aufzugeben. Gerade in der Licht- und Spiegelmetaphorik manifestiert sich das Innensein wie Außerhalbsein des Einen. (Vgl. RP, 509) Nicht nur das Universum ist daher grenzenlose Spiegelung der Gottheit, sondern jede individuelle Intelligenz ist gleichsam fragmentarischer Spiegel. (Vgl. LTS, 59) Die partikulare Seele läßt sich als ein spiegelndes Medium verstehen, dem es allein deshalb eignet, das Ganze in sich zu reflektieren, weil dieses ihm stets als Gespiegeltes innewohnt wie als zu Spiegelndes Gegenstand bleibt: Es ist nur in der Spiegelung berührbar, »attingibilis veluti in speculo« (LTS, 43).

Tatsächlich mündet für Bruno die unendliche Bewegung des Erkenntnisprozesses der menschlichen Seele (vgl. HL, 82)[87], in der das erkennende Subjekt das Universum in gewisser Weise in sich hineinzieht[88], zunächst einmal in diese subjektive Spiegelung, eine selbstreflexive geistige Vergegenwärtigung, die in ihrer selbstbezüglichen Zirkulation einerseits zur Bewußtwerdung des Erkennenden führt, sich als Kreisbewegung jedoch zugleich in permanenter Abständigkeit um das metaphysische Zentrum vollzieht.

Vergegenwärtigen wir uns diesen Prozeß eines Aufstieges auf der Stufenleiter der Natur anhand einer berühmten Stelle aus der *Summa terminorum metaphysicorum.* Unter der Definition des Begriffes »Cognitio« (Erkenntnis) differenziert Bruno hier die kognitive Fähigkeit, Wissensgegenstände aufzunehmen nach verschiedenen Graden. (Vgl. STM, 31) Zu unterscheiden ist demnach zunächst die sinnliche Erkenntnis nach äußerer Sinneswahrnehmung und ihrer vierfachen inneren Wahrnehmungsweise, d.h. dem Gemeinsinn (sensus communis), der die Sinneseindrücke empfängt, vergleicht und in Abstimmung bringt, der Phantasie (phantasia), die sinnliche Vorstellungen oder Einbildungen ausprägt, einer kognitiven Fähigkeit (cognitio cogitativa), die einen über diese imaginierten Gestalten repräsentierten begrifflichen Gehalt aufnimmt, und dem Gedächtnis (memoria) als dem bewahrenden Vermögen. Auf diese Formen äußerer und innerer sinnesbestimmter Erkenntnis folgt die dem Menschen eigentümliche »ratio« (Verstand) oder das diskursive Denken, d.h. das Vermögen rationaler Generalisierung, Schlußfolgerung, Argumentation und begrifflicher Erkenntnis. Während dieses rationale Erkenntnisvermögen im wahrsten Sinne des Wortes ein Diskurs (discursus) ist, ein Hin- und Herlaufen und damit In-Bezug-Setzen von Erkenntnisinhalten, ist der dem Verstand übergeordnete Intellekt nach Bruno dadurch gekennzeichnet, daß er das begrifflich Erkannte in einem einfachen Akt der Einsicht aufnimmt und besitzt. Gleich einer inneren Lektüre liest der Intellekt sich selbst, ist sich selbst Gegenstand der Reflexion.

Diese intellektuelle Anschauungsform vergleicht Bruno daher mit einem lebendigen Spiegel, der nicht als passives, rezeptives Medium nach außen, sondern auf seine implizite Fülle gerichtet ist. Es handelt sich um einen Spiegel, der gewissermaßen sieht und andererseits das Sichtbare in sich trägt, der also zugleich Subjekt wie Objekt intellektueller Selbstbetrachtung ist.

Über diese Selbstreflexion des Intellektes hinaus, die als Selbstbespiegelung im Modus eines Wissens aus der Differenz verbleibt, geht für Bruno der Geist (mens), das höchste der Vernunftvermögen, das einem Spiegel entspricht, der sowohl lebendig wie ganz erfüllt ist. In der geistigen Schau sind Licht, Spiegel und Gespiegeltes in einer gegenstandslosen Anschauung ein und dasselbe. Anders als in der reflexiven Bewegung, in der der Erkennende sich selbst zum Objekt wird, ist hier jede Diskursivität und begriffliche Auseinandersetzung, jegliche Differenzierung von Erkennendem, Erkennen und Erkanntem aufgehoben in einer Form der intuitiven Schau, in der der Kopf gleichsam ganz Auge ist (vgl. STM, 32), um in einem einfachen Akt alles zu sehen: Sehendes und Gesehenes sind in diesem Sehen eins. Das ist die höchste Stufe der intuitiven Erkenntnis, die der Mensch vollziehen kann, denn im Akt einer unterschiedslosen Lichtwerdung erweitert sich der Spiegel des Geistes und hat alles im Auge. Denn diesem erfüllten, lebendigen Spiegel (vgl. STM, 32) ist alles licht, er sieht alles als Eines, ist aufgehoben im göttlichen Blick.

Der göttliche Geist (mens divina) betrachtet in einem absolut einfachen, zeitlosen Akt alles auf einmal, d.h., in einer Weise der absoluten Selbstgegenwärtigkeit ist alles in dem Einen und dieses Eine in allem. Die menschliche Erkenntnis nähert sich somit über die kognitive Stufung von der Sinneswahrnehmung über Ratio, Intellekt und schließlich Geist stufenweise einer Selbstschau, die zugleich Gottesschau im Spiegel des Selbst ist: »Denn die Gottheit sehen heißt, von ihr gesehen zu werden« (HL, 140).

»Animae veritatem esse cibum« (LTS, 3); die Wahrheit ist die Speise der Seele, eine Nahrung nämlich, durch deren Aufnahme sie sich mehr und mehr in jene verwandelt, denn das Ziel und die Vollendung dieser Speisung ist die Kontemplation oder rein geistige Betrachtung, d.h. ein Zustand, in dem der menschliche Geist mit den Augen der Intelligenz schließlich das Vermögen erlangt, die Sonne der ersten Wahrheit selbst zu schauen. (Vgl. LTS, 3) Voraussetzung dieser geistigen Anschauung der Wahrheit ist ein Prozeß der Umwandlung des äußerlich Wahrnehmbaren in die eigene Substanz. In der Metaphorik der Nahrungsaufnahme stellt Bruno die assimilative Aneignung von Erkenntnissen dar, deren Vollzug gewissermaßen mit dem Aufnehmen der sinnlich erfahrbaren Einzeldinge einsetzt, vergleichbar einer ersten Nahrungszuführung (prima cibi apprehensio), woraufhin durch das vergleichende Zusammentragen und Einteilen der inneren Sinne gleichsam eine Verdauung (digestio) stattfindet, bis schließlich die vollendete Ausbildung (perfecta informatio) der Erkenntnisse im Intellekt einen Zustand begrifflichen Wissens herbeiführt, der die durch diese Kost gestärkte Seele in die Lage versetzt, durch Kunst und Wissenschaft in der geistigen Arbeit fortzuschreiten. Wichtige Voraussetzung aber jeglicher theoretischen Erkenntnisfähigkeit ist die Erfahrung, sind »experientia« und »peritia« der Naturdinge. Das heißt, der Weg zur Erkenntnis der Prinzipien und Ursachen und schließlich der kontemplativen Innewerdung der absoluten Einheit führt nicht von der physischen Wirklichkeit ab, sondern geht von dieser aus und durch diese hindurch.

Minimum und Monade

Wenden wir uns nochmals dem am Complicatio-explicatio-Modell des Cusanus orientierten Ansatz Brunos zu, das Verhältnis des absoluten Einen zum infiniten Universum über die korrelative Beziehung von intensiver und extensiver Infinität zu fassen, um hiervon ausgehend auf eine systematische Problematik zu führen, die insbesondere in den lateinischen Spätschriften zum zentralen Thema wird.

Bruno definiert die »plenitudo absoluta« (LTS, 40), d.h. die komplikativ allumfassende göttliche Seinsfülle oder den göttlichen Geist (mens), als infinite Einheit, in der absolutes Seinkönnen und absolutes Sein identisch sind, Minimum und Maximum koinzidieren. Diese einfachste Substanz (vgl. LTS, 40) ist in unterschiedsloser Weise alles, und alles ist in diesem Einen ein und dasselbe. Ohne jede Differenz, Andersheit, Gegensätzlichkeit oder Vielheit ist sie jeglicher Determinierbarkeit und Definierbarkeit entzogen. Das Eine darf daher auch weder im Sinne eines singulären Seins (neben anderen) noch einer Gesamtheit (von vielem) gedacht werden, sondern ist eine »unitas absoluta« (LTS, 40), die über alles hinausgeht, allem vorausgesetzt ist und in intensiver Weise in allem ist bzw. sich extensiv im infiniten Universum, der unendlichen körperlichen Substanz im dimensional indifferenten grenzenlosen Raum ausfaltet. Homogenität, Kontinuität und Indifferenz sowie Immobilität und substantielle Unveränderlichkeit bzw. ewige Dauer charakterisieren die ungeteilte Totalität des Infiniten. Innerhalb der infiniten Sphäre aber bewegen sich unzählige partikulare Welten, deren jede wiederum in organismischer Einheit aus lebendigen Wesen ohne Zahl besteht. Der infinite Ätherraum ist erfüllt von einer Vielheit mannigfaltigster Lebewesen, die kraft der allverbindenden Weltseele in innerem Zusammenhang und in Wechselwirkung stehen bzw. einer fortwährenden Veränderung durch den stofflichen Austausch, den Zu- und Abfluß stofflicher Partikel oder Atome unterliegen.

Bruno betont an verschiedenen Stellen, daß zwischen dem unterschiedslosen und damit unteilbaren unendlichen Universum und den Teilen im Universum zu differenzieren ist.

Eben hieran aber muß sich die Frage entzünden, wie denn gleichzeitig von einer homogenen, kontinuierlichen Einheit des Universums die Rede sein kann und von distinkten Einheiten, den endlichen Teilen, einzelnen Lebewesen oder Planeten, die sich allesamt im Raum bewegen, Veränderungsprozesse durchlaufen und über wechselnde atomare Zusammensetzungen Werden und Vergehen zeigen. Wie läßt sich die Annahme kleinster stofflicher Atome mit der von Bruno postulierten Homogenität, mit einer den infiniten Raum kontinuierlich erfüllenden körperlichen Substanz vereinbaren? Schließen sich nicht die Kontinuität des infiniten Universums und eine diskontinuierliche Teilchenstruktur schlichtweg aus? Wie kann also das unendliche, unveränderliche, in jeder Hinsicht infinite Universum als explikative Alleinheit einer absoluten, komplikativ unterschiedslosen Einheit aus endlichen Welten, körperlichen Lebewesen, stofflichen Atomen bestehen und damit aus distinkten Teilen? Wie ist zu erklären, daß bei absoluter Unbeweglichkeit des infiniten Alls innerhalb des Universums alles in zyklischer Bewegung ist, überall Veränderung stattfindet, so daß die Mannigfaltigkeit des Seienden im Universum durch Gegensätzlichkeit, Diversität, Variabilität und qualitative wie quantitative Unterschiedenheit gekennzeichnet ist? Steht damit die Gleichförmigkeit oder völlige Einförmigkeit des Universums nicht im Widerspruch zur Vielförmigkeit der unzähligen Teile?

Die Frage ist also, wie sich die Vielheit singulärer Erscheinungsformen des Seienden, die Mannigfaltigkeit endlicher Entitäten bzw. unendlich vieler Einheiten aus dem Einheitsbegriff begründen läßt. Muß nicht in der Einheit selbst bereits die Möglichkeit der Entfaltung qualitativ wie quantitativ verschiedener Individuationen angelegt sein?

Zum anderen gilt es zu fragen, wie angesichts der Kontinuität des Universums unendlich viele endliche atomare Teile als konstituierende Elemente des Ganzen gedacht werden können. Eine Teilung des in quantitativem Sinne Infiniten muß zwangsläufig unabschließbar sein, sofern jeder Teil selbst unendlich und damit ohne Ende teilbar ist. Ausgehend von einem Teilungsunendlichen, kann man nicht zu einer logischen Begründung letzter, nicht weiter teilbarer Atome gelangen. So weist Bruno die Vorstellung einer unendlichen Teilbarkeit des Kontinuums auch entschieden zurück, muß eine solche Fehlannahme doch unweigerlich in Paradoxien münden. (Vgl. TMM, 153)

Die systematische Frage, wie vermöge des absoluten Einen eine unendliche Vielheit und Vielfalt von einzelnem sein kann bzw. wie aus der Einheit selbst Vielzahl, Vielgestalt und eine differente Pluralität von Einheiten hervorgehen können, zieht sich mit ihren unterschiedlichen Implikationen durch das gesamte Brunosche Werk. In den italienischen Schriften hat der Nolaner dieses Problem vor allem über die Verschränkung von Form- und Materieprinzip zu lösen versucht, in anderen Werken, wie wir beispielsweise anhand der *Lampas triginta statuarum* verfolgen konnten, die Entfaltung der Einheit in die Vielheit über neuplatonische Modelle einer lichthaften Ausströmung oder eines Überfließens des Einen in Durchdringung mit den Prinzipien Raum, Aufnahmefähigkeit und Materie zu fassen versucht. In der sogenannten Frankfurter Trilogie nun, den lateinischen Lehrgedichten *De immenso*, *De minimo* und *De monade*, verfolgt Bruno einen modifizierten einheitsmetaphysischen Ansatz.

In Korrespondenz zum Begriff der negativen Infinität des Universums, der Entfaltung des absoluten Einen als Maximum schlechthin, setzt Bruno den Begriff des Minimums, des unendlich Kleinen. Als substantielles Prinzip ist dieses Minimum Koinzidenzpunkt dessen, was sich in der physischen Wirklichkeit in Struktur und Ordnung ausdifferenziert. So wie der Begriff des extensiv Infiniten, des Raumes bzw. der substantiellen Fülle des Universums nicht als additive, quantitative Unendlichkeit konzipiert ist, sondern im Sinne eines negativ Infiniten, das logisch-metaphysische Voraussetzung einer indeterminierten Vielheit des Seienden im Universum ist, ist ein Minimum vorauszusetzen. Dieses ist die metaphysische Bedingung dafür, daß überhaupt einzelnes, qualitativ wie quantitativ Unterscheidbares und damit finite Teile (singuläres Sein) im Universum gegeben sind.[89]

Dieses Minimum ist in einem nichtquantitativen Sinne die substantiell allumfassende Einheit oder ein metaphysischer Punkt, gleichsam die in den kleinsten Kreis punktual zusammengezogene Alleinheit dessen, was in der infiniten Sphäre im Modus der Ausfaltung bzw. der Vielfältigkeit des Singulären auseinandertritt.

Das Minimum ist die Substanz der Dinge (vgl. TMM, 138), und zwar in bezug auf die Zahl, die Größe und die körperlichen Bestandteile. Deshalb begreift der Nolaner dieses substantielle Minimum erstens als Monade oder metaphysisches Minimum, das gewissermaßen die Voraussetzung des Quantitativen bzw. der Entstehung der Vielzahl des Seienden ist, zweitens als Atom oder physisches Minimum körperlicher Zusammensetzung und Größe und drittens als geometrischen Punkt oder mathematisch-logisches Minimum dimensionaler Ausdehnung bzw. räumlicher Erstreckung. Der geometrische Punkt schließt, so Bruno, der Substanz nach alle Dimensionen in sich, die in fließender Bewegung[90] aus dem Punkt in die körperliche Gestaltwerdung übergehen.[91]

»Also ist die Linie nichts anderes als der bewegte Punkt, die Oberfläche nichts anderes als die bewegte Linie, der Körper nichts anderes als die bewegte Oberfläche, und folglich ist der bewegliche Punkt die Substanz von allem, und der verharrende Punkt ist das Ganze.« (TMM, 148)

Der Nolaner spezifiziert damit die Selbstentfaltung des Minimums, die als ein fließendes Hervorgehen aus dem Zentrum, d.h. als generative Erzeugungsstruktur, zu denken ist, in Hinblick auf die Verräumlichung (analog zur geometrischen Figurationsfolge), auf die Vervielfältigung (analog zur mathematischen Zahlenfolge) und auf die Entstehung des überall ganz von der Seele durchdrungenen Körperlichen. Wenn der Nolaner ein atomares Minimum des Körperlich-Materiellen setzt und damit auf den materialistischen Ansatz des antiken Atomismus (Demokrit, Leukipp) wie vor allem auf auf die atomistische Lehre von Lukrez rekurriert, folgt er dennoch nicht dem mechanistischen Verständnis eines blinden Atomwirbels. Obgleich Bruno Zusammensetzung und Auflösung des Körperlichen über den Fluß stofflicher Korpuskel erklärt, sind all diese Veränderungsprozesse vermöge der die Materie innerlich belebenden Weltseele ineinandergreifende Teilvorgänge einer organismischen innerkosmischen Vitalität. Neben und in den für die quantitative wie qualitative Konglomeration des Körperlichen konstitutiven atomaren Grundbausteinen ist es im eigentlichen Sinne die gleichsam atomisierte Omnipräsenz der unteilbaren Seele, die in jedem noch so winzigen Teil die wirkende Lebens- und Bewegkraft darstellt. (Vgl. TMM, 140)

Damit legt Bruno einen Einheitsbegriff zugrunde, der sämtliche Strukturierungsformen quantitativer wie qualitativer Diversifikation und Differenzierung des Seienden in sich birgt, denn im absoluten Minimum muß als Unterscheidungs- und Individuationsprinzip dasjenige angelegt sein, was in der physischen Mannigfaltigkeit endlicher, nach Zahl, Maß und Gestalt spezifizierbarer Entitäten bzw. in der Ordnung, Relationalität und Gesetzmäßigkeit des Seienden insgesamt in Erscheinung tritt. Das Minimum schließt jede Bewegung, Zahl, Größe ungeschieden in sich ein, die in den endlichen Dingen in individueller Form zur Erscheinung kommen. Geht man nicht von diesem metaphysischen Minimum aus, das mit dem Maximum koinzidiert, würde, so Brunos Gedankenexperiment (vgl. TMM, 140), nirgendwo etwas sein. Setzt man nicht diese Monade als Einheitsprinzip voraus, gibt es nirgendwo Zahl oder Zählbarkeit, Größe oder Meßbarkeit, Bewegung oder zeitliche Veränderung, denn die Monade oder die Substanz der Substanzen, vermöge welcher überhaupt erst singuläres Seiendes sein kann, ist Gott oder die Monade der Monaden. (Vgl. TMM, 146)

Dieses absolute Seinseine ist die transzendente Bedingung und der Grund dafür, daß etwas ist und in der Besonderung jeweils eines ist.

»Im Minimum, im Einfachen, in der Monade sind alle Gegensätze dasselbe, gerade und ungerade, viel und wenig, endlich und unendlich, deshalb ist das, was das Minimum ist, identisch mit dem Maximum [...]. Dies tritt primär in Gott zu Tage, von dem man sagt, daß er gleichzeitig überall und nirgends, unterhalb von allem als fundierender, oberhalb von allem als lenkender, innerhalb von allem, ohne eingeschlossen zu sein, außerhalb von allem, ohne ausgeschlossen zu sein, ist, alles hinsichtlich der Erhabenheit und des Begriffes, nichts, was sich über eine Definition fassen ließe. Er ist der alles fortbewegende Anfangsgrund, das alles begrenzende Ende, die alles verknüpfende und unterscheidende Mitte. Als Zentrum ist er überall, das Innerste des Inneren, als äußerster Rand ist er nirgends, weil er als selbst unermeßlicher in absolut gleichförmiger Weise alles umschließt und ausmißt. Er ist es, in dem alle Dinge sind, der aber selbst in keinem, auch nicht in sich selbst ist, sondern er ist ganz und gar er selbst, sofern er unteilbar und die Einfachheit selbst ist.« (TMM, 147)

In Gott oder der Monade fallen in eminenter Weise alle Bestimmungen zusammen, sind ununterschieden eins. Absicht des Nolaners ist es, mit diesem Begriff des Minimums ein unhintergehbares Erstes zu setzen, das, eben weil im unendlich Kleinen alle Differenzierung, Begrenzung, Bewegung in ungeschiedener

Identität konzentriert ist, Prinzip der Explikation des Differenten, Begrenzten, Bewegten ist.

Bereits in vorausgegangenen Schriften hat Bruno den Gottesbegriff in ähnlicher Form über paradoxe Wendungen zu fassen versucht. In den Spätschriften betont er die maß-, zahl- und gestaltgebende Funktion des göttlichen Wesens und legt damit Zählbarkeit, Meßbarkeit und Vergleichbarkeit des veränderlichen Seienden in der metaphysischen Einheit des göttlichen Geistes (mens) zugrunde.

»Gott ist als Monade die Quelle aller Zahlen, die Einfachheit jeder Größe und die Substanz des Zusammengesetzten, die über jede Bewegung hinausgehende Erhabenheit, das Unzählbare, Unermeßliche. Die Natur ist zählbare Zahl, meßbare Größe und erfahrbare Bewegung. Der Verstand ist zählende Zahl, messende Größe, abschätzende Bewegung.« (TMM, 136)

Die göttliche Einheit ist somit Voraussetzung und Garant einer quantitativ wie qualitativ differenzierten Ordnung der Vielheit des Seienden, die für den Verstand, die vergleichende, unterschiedliche Gegenstände in Relation setzende und damit zählende und messende Ratio erkennbar ist, insofern die individuelle Vernunft am göttlichen Geist (mens) bzw. der jedem einzelnen als Einheitsgrund innewohnenden Monade teilhat. Das heißt allerdings nicht, daß die Gesetzmäßigkeit und relationale Strukturiertheit der Natur einem starren mathematischen Bauplan folgt, es handelt sich vielmehr um die Grundlegung eines dynamischen Ordnungssystems oder eines universalen Beziehungsgefüges, das die infinite Vielheit formiert und organisiert. Deshalb besitzt das mensurierende Erkennen des subjektiven, endlichen Verstandes den Charakter eines zwar mathematisierenden, aber damit die Strukturalität der unendlichen Mannigfaltigkeit immer nur in analoger Form ermessenden Erkennens.

Das Unendliche und das Endliche sind nicht zu vergleichen. Wohl aber besteht eine strukturelle Analogie zwischen der mensural verfaßten Ratio und der Mensurabilität des Physischen, die durch die Einheit, die erste Monade als absolute Instanz des Maßes, verbürgt ist. Zudem ist für den Nolaner mit der mathematischen Erkenntnis, die eine Vermittlungsfunktion zwischen physischer Vielfalt und metaphysischer Einheit einnimmt, kein auf eine bloße Quantifizierung der natürlichen Phänomene reduzierter Zugriff verbunden, sondern stets gehen quantitative und qualitative Erkenntnis der Dinge zusammen.

Wenn Bruno die Gottheit oder die Monas als Ursprung aller Zahlen und Prinzip des Seienden begreift, geschieht dies in Rückgriff auf pythagoreische (Philolaos) wie neuplatonische und neupythagoreische Quellen (zu nennen wäre insbesondere die Metaphysik des Neuplatonikers Proklos) sowie in Bezugnahme auf eine Tradition mathematisch-geometrischer Einheitsspekulation (etwa bei Pseudo-Areopagita und Eriugena), die prägend für die mittelalterliche wie frühneuzeitliche Metaphysik ist. Hingewiesen sei aber an dieser Stelle nochmals auf das pseudo-hermetische Buch der *vierundzwanzig Philosophen*, dessen erster Satz lautet: »Deus est monas, monadem gignens, in se suum reflectens ardorem.«[92]

Gott wird hier in triadischer Struktur eines inneren Selbstaufschlusses – parallele Erklärungsmodelle des Nolaners konnten wir verfolgen – als die erste Monade vorgestellt, die eine zweite Monade erzeugt und ihren Glanz in sich reflektiert, d.h. als ein Einheitsprinzip, aus dessen interner Selbstmultiplikation die Zweiheit als aus der Einheit hervorgegangene Monade und schließlich die Dreiheit im Sinne einer die Dualität überwindenden Rückwendung zur Einheit entsteht. Aus der ersten Einheit selbst, die weder Einzahl noch Dreizahl, sondern Voraussetzung der Zahlen ist, wird hiermit die Funktion der Differenz und der Relation von Differentem begründet.

Wenngleich der Nolaner die monadische Einheit erst in den Frankfurter Schriften als den zentralen Begriff einer logischen Begründung der generativen Entfaltungsbewegung aus dem Einen einführt, um damit die Beziehung eines punktualen monadischen Minimums zur kreisförmigen Ausfaltung im Maximum (Universum) aufzuschließen, so daß Vielzahl, Vielgestalt und die Pluralität von Bewegungskreisläufen innerhalb des Seienden gleichsam in der Spanne von Minimum und Maximum zu denken sind, begegnet uns der Begriff der Monade bereits in den *Heroischen Leidenschaften.* Dort unterscheidet Bruno die »Monade, die die Gottheit ist«, von der aus ihr hervorgegangenen »Monade, die die Natur, das Universum, die Welt ist« (HL, 169). Diese »zweite Monade« ist »das eine Seiende selbst, das Seiende Wahre selbst, die wahre begreifbare Natur, in die Sonne und Glanz der höheren Natur einströmen (HL, 169)«. Die erzeugende und die erzeugte Monade aber stehen in einem Spiegelungsverhältnis wie die lichtspendende Sonne zum reflektierenden Mond. Das heißt, daß bereits hier die Begreifbarkeit des Einen über seine Widerspiegelung in der Natur bzw. den unzähligen Spiegelungen in den monadischen Einzelwesen betont wird.

Gott oder der Geist ist der Vater jeder Ordnung, der Hervorbringer jeglicher Vielheit, so Bruno in der *Summa terminorum metaphysicorum.* Vielgestalt und Unterschiedenheit in Maß, Zahl, Figur und Bewegung verweisen aber auf das, was allem Geordneten, sei es im Stufenbau der Natur, der Gradation der Weisheit oder den Abstufungen in der Verkörperung des Schönen, als ein »unum« vorausliegt. (Vgl. STM, 87) Diesen Gott bezeichnet der Nolaner als ordnungsstiftende Monade, die, weil sie das Einfachste und die Einheit schlechthin ist, in sich selbst keinerlei Ordnungsstruktur, keine Distinktion, keine Zahl besitzt, sondern die absolute, über alle Vielheit, Verschiedenheit und Unterschiedenheit hinausgehende Einheit ist. (Vgl. STM,

87) In dieser »infinita monade« (STM, 89) fallen alle Dimensionen zusammen, sind alle Unterschiede der Zahl in der Identität des Einen aufgehoben, sind eins im differenzlosen göttlichen Wesen. Sofern aber in dem Einen alles je schon ist, kann erst die Differenziertheit, Unterschiedenheit, Bewegung und relationale Verbundenheit der physischen Dinge entstehen, ist erst die rationale Differenzierbarkeit, Unterscheidbarkeit und das messende Vergleichen gewährleistet. (Vgl. STM, 115)

Dieser Ansatz wird in den lateinischen Spätschriften, insbesondere in *De minimo* und *De monade*, systematisch ausformuliert.

In Analogie zur mathematischen Zahlenreihe (von der Einheit bis zur Zehnzahl) wie der geometrischen Figurationsfolge (von einem ersten Kreis bis zum Zehneck) entwirft der Nolaner in *De monade* ein logisches System der Selbstentfaltung aus der Einheit, das gewissermaßen den generativen Prozeß vom Einfachen zum Komplexen in mathematischer Strukturierung zeigt.

»Das erste Prinzip und die erste Substanz ist die *Monas*, sie ist ein Wahres, Ganzes und Existierendes, auf Grund dessen alles wahr ist und Eines. Weiter die *Zweiheit*, die zuerst den Dingen die Unterschiede zuteilt; durch sie bestehen sie als möglichst verschiedene und als das, was gegensätzlich ist. In der *Dreiheit* können Feindliches und Gegensätzliches in ein Zusammengesetztes laufen, durch welches alle Zusammenschlüsse entstehen. Durch die *Vierheit* ist die feste räumliche Beschaffenheit gegeben, agens und patiens, Ort und Zeit werden gut verteilt. [...] Die *Zehnheit* beschließt die einfachen Zahlen und schließt sie wieder auf. Was immer aus diesen Quellen stammt, kommt zu einem Einen zusammen, welches die ganze Gattung der Zahl enthält, und diese ganze Gattung bezieht sich wiederum auf sie (die Zehnheit) zurück. Jede logische Operation und Proportion im Gebrauch der Menschen berücksichtigt sie; sie ist das die Anfänge der Monas wiederholende Ziel.« (MON, 143 f.)

Das heißt, daß die aus dem Kreis- und Einheitsprinzip entwickelte arithmetisch-geometrische Strukturierung – in Analogie zur Explikationsbewegung aus der metaphysischen Einheit – das Modell einer logischen Ordnung aller Wissensinhalte darstellt, wie ein Regel- und Erzeugungssystem einer Wissenserweiterung.

Diese »Vermischung der Methoden«, die »Reflexion auf die ersten elementaren Zahlen« in Verbindung mit der »Reflexion auf die ersten elementaren Figuren« (MON, 12), geschieht für den Nolaner in Analogie zur Vorgehensweise der Natur, zu den intelligiblen Generierungs- und Formationsprinzipien, die sich in den natürlichen Dingen zeigen.

»Durch die natürlichen Figuren unterscheidet die beste Mutter, wenn sie alle Dinge figuriert, ihre Kräfte und Eigentümlichkeiten und malt, meißelt und webt die Namen selbst in ihrer aller Oberfläche ein. Jene Mutter bezeichnet die Bewegungen aller Glieder und Fasern in diesen Zahlen selbst. [...] Dieselbe Natur senkt die Gesetze, die Modi und den Wechsel von Tun und Leiden ein in die Charaktere. Jene beste Mutter und Lehrerin zeigt schließlich in diesem Eindruck der Siegel die Vorherrschaft und den bewährten Schutz einer über die ihr untertane Art thronende Gottheit.« (MON, 13)

Parallel zu dieser Entfaltungstheorie zeigt der Nolaner, wie die aus der Einheit abgeleiteten Strukturprinzipien gleichsam als eine kulturelle Grammatik oder ein topologisches System der Strukturalität und Figurierung – denn die Figur ist für Bruno nichts anderes als die wahrnehmbare Zahl (vgl. MON, 15) – zu lesen sind, das analog der mathematischen Ordnung unterschiedlichen Ebenen kulturgeschichtlicher Diskurse als eine »discursiva architectura« zugrunde liegt. (Vgl. AM, 56)[93]

3. Ausblicke

Zur Rezeption

»Das Weltall ist ein unendliches Tier, in welchem alles auf die mannigfaltigste Weise lebt und webt.«[94]

Über Wirkung und Rezeption der Werke Giordano Brunos im Zeitraum vom 16. bis zum beginnenden 19. Jahrhundert besitzen wir wenig zuverlässige Zeugnisse. Das heißt selbstredend nicht zwangsläufig, daß der metaphysische Gesamtentwurf des Nolaners überhaupt nicht zur Kenntnis genommen wurde und keinen Einfluß auf die Philosophie der Folgezeit besaß. Doch gibt es kaum explizite Bezugnahmen auf seine Schriften oder gar eine namentliche Nennung. Das mag daran liegen, daß seine Verurteilung durch die Inquisition, mit der Bruno offiziell als Häretiker gebrandmarkt war, sowie die Indizierung seiner Schriften eine offene Auseinandersetzung mit seiner philosophischen Lehre als persönliches Risiko erscheinen lassen mußten und eine Berufung auf den Nolaner die Gefahr bedeutete, als Sympathisant eines Irrlehrers in Verruf zu geraten.

Vielfach wurde auf den antizipatorischen Stellenwert Brunoscher Philosopheme in bezug auf das metaphysische System Spinozas oder die Leibnizsche Monadologie hingewiesen. Allerdings findet Giordano Bruno bei Spinoza weder in den philosophischen Schriften noch in den Briefen Erwähnung. So lassen sich lediglich Vermutungen darüber anstellen, ob Spinoza Schriften Brunos kannte oder möglicherweise über seinen Lehrer Van den Enden, der die Brunosche Lehre gekannt und hoch geschätzt haben soll, mit Ansätzen der Philosophie des Nolaners vertraut war. Auch was Leibniz angeht, fehlen uns direkte Bezugnahmen etwa auf die Brunosche Monadenlehre oder das metaphysische Konzept von Minimum und Maximum und damit die mathematisch fundierte Explikation einer ersten göttlichen Monade in die Vielfältigkeit eines geordneten, aus monadischen Einheiten bestehenden Alls. Zudem rekurriert Leibniz mit dem Begriff der Monade, dies gilt in der Forschungsliteratur als erwiesen, auf die Verwendung dieses Terminus in der kabbalistischen Tradition.

Die Erforschung der Wirkungsgeschichte im 17. und frühen 18. Jahrhundert stellt also nach wie vor ein Desiderat dar, Einflüsse Brunoscher Philosophie liegen weitgehend im verborgenen und geben Grund zu der Annahme, daß seine Werke über lange Zeit in Vergessenheit gerieten oder neben den um Leben und Person des Ketzers Bruno kursierenden Legenden in den Hintergrund traten. Der berühmte Artikel Pierre Bayles im *Dictionnaire* sorgte zwar durchaus für ein erneutes Interesse am Werk des Nolaners, doch ist die Darstellung Bayles zugleich durch die Betonung der außerordentlich zweifelhaften, gar gottlosen Ansätze Brunoscher Philosophie bestimmt.

Was läßt sich also hinsichtlich der Rezeption der Brunoschen Philosophie überhaupt als historisch verbürgt belegen? Auf Spuren seiner Lehre stoßen wir etwa in der deutschen Philosophie des 18. Jahrhunderts in der Philosophiegeschichte J. Bruckers, *Kurtze Fragen aus der Philosophischen Historie* (Ulm 1731-36), der bereits beklagt, daß die meisten Schriften Brunos nicht mehr auffindbar seien[95], in ausführlicher Kommentierung einzelner

Titel aber erst in der *Geschichte der Philosophie* (Göttingen 1800) von J.G. Buhle. Während Brucker sich darauf verlegt, die nahezu unverständliche Dunkelheit der Brunoschen Schriften herauszustellen[96], konstatiert Buhle in psychologisierenden Anmerkungen den temperamentvollen Charakter Brunos:

»Jener für die Geschichte sowohl durch sein Talent der Speculation und den Gebrauch, welchen er davon machte, als durch seinen unsteten Geist, die Ungleichheit und Widersprüche seines Charakters, seine phantastische Schwärmerey und sein letztes trauriges Schicksal merkwürdige Philosoph [...]. Bruno besaß ungewöhnlichen Tiefsinn, eine höchst fruchtbare, dichterische, nur zu wenig von der Vernunft gezügelte und daher oft wild ausschweifende Einbildungskraft«[97].

Gleichwohl zeigt sich Buhle bemüht, den philosophischen Gehalt des Werkes neben solchen Spekulationen über die Person nicht in den Hintergrund treten zu lassen, denn er gibt eine umfassende Einführung in das Werk des Nolaners bzw. paraphrasierende Übersetzungen aus den lateinischen und italienischen Schriften. Ein wesentlicher Anstoß für dieses Interesse an der Philosophie Giordano Brunos ist, wie Buhle hervorhebt, eine Schrift F.H. Jacobis, denn dieser habe als einer der »tiefsinnigsten, edelsten und liebenswürdigsten neueren Weltweisen«[98] einige Jahre zuvor in Briefen über die Lehre Spinozas »einen Auszug aus ihr geliefert, der den Geist derselben auf unübertreffliche Weise darstellt«[99].

Veranlaßt durch die Auseinandersetzung mit Lessing in den berühmten Wolfenbüttler Gesprächen von 1870, die Jacobi dazu führten, Lessing, nicht zuletzt ob seiner Lesart von Goethes *Prometheus*, als Anhänger einer pantheistischen, spinozistischen Denkungsart zu bezichtigen, gibt Jacobi im Zuge dieses sogenannten Spinozismusstreites, der weite Kreise ziehen sollte, eine Schrift heraus, welche die Lehren des Spinoza als

Pantheismus – und das heißt für Jacobi: als atheistische Philosophie – entlarven sollte. Der zweiten Auflage dieser *Briefe über die Lehre Spinozas* aus dem Jahre 1789 fügt Jacobi, um dem durch die Anhänger des Pantheismus und der Lehre des »hen kai pan« verübten Verrat des theistischen Konzepts eines personalen Schöpfergottes entschieden entgegenzutreten, eine Teilübersetzung von Brunos *De la causa, principio e uno* bei. Denn Bruno gilt ihm, was das Schreckgespenst des Pantheismus angeht, als Wegbereiter und Quelle solcher gottlosen, gefährlichen Lehren, wie sie durch Spinoza in Umlauf gekommen sind. Damit wird Brunos Philosophie als pantheistische Lehre im Sinne Jacobis festgeschrieben und als Grundlage der Schriften Spinozas betrachtet.

Die Bruno-Rezeption aber ist, vermittelt durch die Teilübersetzung von Jacobi, gewissermaßen als Wirkungsgeschichte des Spinoza-Buches zu verfolgen, insbesondere weil die von Jacobi intendierte Verurteilung des Spinozismus geradewegs das Gegenteil bewirkte und eine nachhaltige Auseinandersetzung mit der Lehre Spinozas anstieß, so daß hiermit einhergehend auch das Interesse für die Lehre Brunos geweckt wurde.

So wissen wir von Goethes Beschäftigung mit dem Werk Brunos aus seinem Briefwechsel mit J.F.H. Schlosser, den er um Übersetzungen aus den lateinischen Schriften Brunos bittet, sowie aus Tagebuchaufzeichnungen Goethes.

»Was er uns hinterlassen, in soferne ich es kenne, reizt uns zwar ungemein, in sofern wir streben, uns eine originelle Bildung zu geben, denn es ist nicht leicht ein lebhafterer Apostel der Originalität, der unmittelbaren Bildung aus und an der Natur. Allein ich müßte mich sehr irren, oder wir sind seit jener Zeit weiter, ja in eine Art von Natur gerückt, wo uns jene nicht mehr helfen und zusagen kann, besonders, da sie doch durch eine mystische Mathematik äußerst verfinstert ist.«[100]

Auch widmet sich Goethe vermutlich einer eingehenden Lektüre der italienischen Werke Brunos, nachdem 1830 die von Adolf Wagner besorgte Gesamtausgabe der italienischen Dialoge erschienen ist. Wichtig für Goethes ohne Zweifel sehr ambivalente Haltung zu den ihm bekannten Auszügen Brunoscher Philosophie ist sicherlich Schellings 1802 publizierter Dialog *Bruno oder Über das göttliche und natürliche Prinzip der Dinge*; und in der Tat kann diese Schrift Schellings »als die Transformation zentraler Brunoscher Gedanken und deren neuplatonischer Implikationen in den Horizont der ›Identitätsphilosophie‹ verstanden werden«[101]. Schelling greift in dieser identitätsphilosophischen Schrift nicht nur die durch Bruno vermittelte, originär Cusanische Lehre der Koinzidenz der Gegensätze im Absoluten auf, sondern setzt sich ausführlich, vermutlich angeregt durch Brunos Ausführungen in *De la causa*, mit der Frage des Verhältnisses von Endlichem und Unendlichem auseinander sowie mit dem Brunoschen Naturbegriff. Er rekurriert auf die Vorstellung einer organismischen Einheit des Seienden, die Brunosche Philosopheme anklingen läßt.

»Gleichwie aber in einem Tier die Seele sich in vielgestaltige Glieder absondert, deren jedes aus ihm seine besondere Seele nimmt, [...] [und] alles Einzelne, obgleich zum Ganzen verbunden, doch für sich selbst lebt, so ist auch im Universum, damit es in der Vielheit eins und in der Unendlichkeit endlich wäre, jedem seine besondere Zeit gegeben, das Ganze aber so abgebildet aus Gott, daß es die Zeit absolut in sich selbst habe, selbst also in keiner Zeit und ein so eingerichtetes Tier sei, daß es nicht sterben könne.«[102]

Auch Schellings Schrift ist sicherlich nicht ohne die vorausgegangene Teilübersetzung und -kommentierung Jacobis zu denken.

Ebenso betont Hegel, das Werk Brunos sei »durch Jacobi in Erinnerung gebracht« worden: »Seinen Briefen über Spinoza hing er einen Auszug aus einer Schrift desselben an und parallelisierte ihn mit Spinoza; dadurch ist er zu Ruhm gekommen, der über seinen Verdienst geht.«[103] Hegel stellt gleichfalls fest, daß es ein Problem sei, das Werk Brunos im Zusammenhang zu lesen, denn seine »Schriften sind sehr selten zusammen«, was wohl, so Hegels Mutmaßung, darauf zurückgehe, daß der Nolaner seine Vorträge an verschiedensten Orten gehalten, allerorts Schriften publiziert habe, und »darum ist es auch so schwer, seine Bücher vollständig zu kennen«. Allerdings befinde sich die größte Anzahl in der »Universitätsbibliothek zu Göttingen; die ausführlichsten Nachrichten davon aber findet man in der Buhleschen Geschichte der Philosophie«[104].

Hegel bezieht sich in seinem Urteil über die Philosophie Brunos also offenbar kaum direkt auf die Brunoschen Schriften, obwohl er eine italienische Werkausgabe aus dem Jahr 1830 erwähnt, sondern einerseits auf Jacobi, den er teilweise zitiert, und daneben vor allem auf die bereits erwähnte Philosophiegeschichte Buhles, wenn er zu der Feststellung kommt: »Dieses System des Bruno ist so ganz objektiver Spinozismus; man sieht, wie tief er eingedrungen ist.«[105] So wird Brunos Werk also vor allem aus der anachronistischen Perspektive seiner Vorgängigkeit im Verhältnis zum System Spinozas gelesen. Denn wenn Hegel auch als Charakteristikum der Brunoschen Philosophie erwähnt, Bruno besitze eine besondere Begeisterung für die Lebendigkeit der Natur, indem er ihre Göttlichkeit hervorhebe und sie als Vernunft in allen Dingen auffasse, bestätigt dies für Hegel nochmals, daß Brunos »Philosophie im Allgemeinen Spinozismus, Pantheismus«[106] sei. Insbesondere Brunos »Hauptidee«, die »Einheit von Form und Materie in allem« sowie die Idee der Indifferenz aller Punkte im Universum, die auch Jacobi hervorhebt, drücken für Hegel die »Begeisterung einer edlen Seele und tiefes Denken«[107] aus. Demgegenüber moniert Hegel allerdings die mangelnde Systematik Brunos, den »ungeordneten, mannigfaltigen Reichtum«[108] eines Denkers, der überall nach allen Formen greife und bisweilen »Phantastisches, Allegorisches« ins Spiel bringe. Wenngleich der Brunosche Ansatz nach Hegel durchaus alle Hochachtung verdient – es sei insgesamt betrachtet »ein großer Anfang, die Einheit zu denken«, insbesondere in dem Versuch, das Universum über das »logische System des inneren Künstlers, des produzierenden Gedankens darzustellen«, dem die »Gestalten der äußeren Natur entsprechen« –, sei doch gar zu vieles nur »zusammengelesen« und gehe »in Verwirrung über«, ja »es läuft hier in diesem Versuch zu ordnen alles aufs Unordentlichste durcheinander«[109].

Solche oder ähnliche Bemerkungen sind gewissermaßen exemplarisch für die Rezeption des Werkes Brunos, die, nicht selten in Unkenntnis der Schriften selbst, aus sekundären Quellen gespeist ihre Wege nahm. Vorwürfe wie die einer mangelnden Systematik des Aufbaus, eines phantastischen Obskurantismus, unzusammenhängender Gedankengänge eines finsteren Philosophen, einer schwärmerischen Naturbegeisterung oder eines magisch-hermetischen Okkultismus charakterisieren nahezu topologisch die Einschätzungen dieses Werkes bis zum Beginn unseres Jahrhunderts.[110]

Hervorzuheben ist allerdings noch ein weiterer Aspekt aus der Darstellung Hegels in den *Vorlesungen zur Geschichte der Philosophie*, der nochmals eine unmittelbare Anknüpfung an J.G. Buhle zeigt. Buhle beginnt nämlich in der Vorstellung des Brunoschen Gesamtwerkes nicht etwa mit den naturphilosophischen Schriften oder mit der seit Jacobis Spinoza-Buch auszugsweise bekannten Einheitsmetaphysik, wie sie in *De la causa* angelegt ist, sondern er stellt zunächst die gedächtnistheoretischen (mnemotechnischen) und kombinatorischen (an Raimundus Lullus anknüpfenden) Schriften Brunos vor. So kann auch Hegel berichten: »Das Zweite [...], worauf er [Bruno] besonders herumreiste, war die sogenannte *Lullische Kunst*«[111].

Diesem Bereich der Mnemotechnik und Kombinatorik soll, nicht zuletzt da gerade hierin ein (im Hinblick auf die aktuellen Diskussionen um Gedächtnis und Erinnerung wie die Grundlagen strukturalistischer Theorien) außerordentlich »moderner« Ansatz liegt, eine kurze abschließende Betrachtung gewidmet sein.

Memoria und Imagination

> »Der berüchtigte Jordan Bruno folgt in seinen Mnemonischen Schriften größtentheils der *Ars magna* des Lullus, für welche er enthusiastisch eingenommen, und mit deren Vervollkommnung er sein ganzes Leben hindurch beschäftigt war, deswegen machen Künsteleien dieser Art, in seiner bewunderungswürdigen Mannigfaltigkeit, und oft so seltsam, daß sie an das Kindischspielende, Läppische und Abentheuerliche gränzen, den Inhalt seiner meisten Schriften aus.«[112]

Wenn die Brunoschen Schriften zur Gedächtniskunst (Mnemotechnik) und Kombinatorik in dieser Studie an letzter Stelle und in lediglich skizzenhafter Form Erwähnung finden, so ist dies keineswegs ein Zeichen dafür, daß es sich bei diesem Themenfeld tatsächlich um spekulative Spielereien handelt. Der vorangestellte Passus aus einer gedächtnistheoretischen Schrift aus dem Jahr 1842 darf trotz der anscheinend wenig hohen Meinung von der Brunoschen Gedächtnislehre nicht über ein gleichzeitig damit angezeigtes großes Interesse für das komplexe System Brunoscher Theorien zu Memoria und Imagination hinwegtäuschen.

Ohne Frage stellen die mnemotechnischen oder logisch-kombinatorischen Schriften Brunos einen wesentlichen, erkenntnistheoretisch wegweisenden Komplex innerhalb seines Gesamtwerkes dar, dem in der Forschungsliteratur der vergangenen Jahre große Aufmerksamkeit geschenkt wurde, etwa im Hinblick auf die Frage nach einer Theorie der Imagination, der Brunoschen Konzeption eines strukturalen Systems der logischen Ordnung und einer mathematisch fundierten Logik der Erinnerung bzw. des Gedächtnisses. Dies zeigt sich insbesondere daran, daß die Diskussionen über den systematischen Stellenwert und die Bedeutung zentraler gedächtnis- und bewußtseinstheoretischer Ansätze, über die Rolle der mnemotechnisch-kombinatorischen Schriften im Sinne logischer Mechanismen einer Wissenserweiterung bzw. Brunos Begriff der Imagination und des bilderzeugenden Bewußtseins außerordentlich kontrovers geführt werden.

Statt diese für die Brunoforschung sicher außerordentlich fruchtbaren und weiterführenden Interpretationen hier in ihrer spezifischen thematischen Interpretationsperspektive vorzustellen, seien hier zunächst einige Voraussetzungen benannt, auf die sich Bruno in diesen Schriften stützt, bzw. Theoreme, die er in transformierter Weise aufnimmt, um schließlich eine Überlegung zur möglichen Verbindung dieses Themenkomplexes mit der vorrangig in dieser Studie behandelten Einheitsmetaphysik anzustellen.

Bruno hat eine Vielzahl mnemotechnischer Schriften publiziert, angefangen mit *De umbris idearum* (Von den Schatten der Ideen) im Jahr 1582 über eine Reihe von Werken in Auseinandersetzung mit den kombinatorischen Werken des Raimundus Lullus bis hin zu seiner letzten Schrift mit dem Titel *De imaginum, signorum et idearum compositione* (Über die Zusammenstellung der Bilder, Zeichen und Ideen), die parallel zur Frankfurter Trilogie 1591 entstand.

Ansätze mnemotechnischer Theorien sind uns insbesondere aus der antiken Rhetorik überliefert, auf die auch Bruno zurückgreift. Eine der bekanntesten Quellen ist sicherlich Ciceros Schrift *De oratore.* Im zweiten Buch dieses Werkes findet sich die die berühmte Passage, wonach der Dichter und Rhapsode Simonides der Erfinder der Gedächtniskunst sei. Dieser habe nämlich bei einem festlichen Gastmahl des angesehenen thessalischen Edelmanns Skopas im Kreise vieler geladener Gäste ein Lobgedicht auf den Gastgeber vorgetragen, diesen aber dadurch verstimmt, daß er in seiner dichterischen Darbietung auch die mythologischen Helden Castor und Pollux besungen habe. Der in seiner Eitelkeit gekränkte Skopas verweigert dem Dichter daraufhin eine Hälfte des verabredeten Honorars. Als Simonides wenig später gebeten wird, zu zwei vorgeblich vor dem Gebäude wartenden Freunden hinauszutreten, gereicht ihm dies zur schicksalhaften Rettung. Denn in ebendiesem Moment stürzt der Festsaal ein, begräbt die gesamte Festgesellschaft unter Schutt und Trümmern, so daß die Körper der einzelnen Personen bis zur Unkenntlichkeit zerschlagen und entstellt sind. Eine Bestattung der grausam zu Tode Gekommenen scheint unmöglich, denn die Angehörigen vermögen die Leichname nicht zu unterscheiden. Allein dank des Erinnerungsvermögens des einzigen Überlebenden, des Dichters Simonides, können die zerschundenen Leiber identifiziert werden, da er sich daran erinnern kann, an welcher Stelle im Raum sich die jeweiligen Personen befunden haben.

»Durch diesen Vorfall aufmerksam geworden, soll er damals herausgefunden haben, daß es vor allem die Anordnung sei, die zur Erhellung der Erinnerung beitrage. Wer diese Seite seines Geistes zu trainieren suche, müsse deshalb bestimmte Plätze wählen, sich die Dinge, die er im Gedächtnis zu behalten wünsche, in seiner Phantasie vorstellen und sie auf die bewußten

Plätze setzen. So werde die Reihenfolge dieser Plätze die Anordnung des Stoffes bewahren, das Bild der Dinge aber die Dinge selbst bezeichnen, und wir könnten die Plätze an Stelle der Wachstafel, die Bilder statt der Buchstaben benutzen.«[113]

Wir haben es hier also mit einer Theorie der topologischen Struktur des Gedächtnisses im Sinne einer Ordnung und Gliederung von Plätzen (loci) in Verbindung mit einer bildhaften Repräsentanz der Gedächtnisinhalte (imagines) zu tun. Dabei nehmen die Bilder in der Erinnerung einen bestimmten Raum oder Platz ein, werden innerhalb eines strukturierten Gedächtnisraumes bildhaft verankert bzw. gemäß dieser verräumlichten Ordnung abrufbar. Die Erinnerung durchläuft den architektonischen Aufbau mitsamt der Reihung der Bilder gleich einem Gang durch eine innere wohlgeordnete Galerie und kann so sowohl einen Gedanken zurück ins Bewußtsein rufen wie sich durch Versinnbildlichung und Lokalisierung einen Gedankengang einprägen.

Ähnliche Überlegungen zur Architektur und räumlichen Organisation des Gedächtnisses bzw. zur Möglichkeit einer Vergegenwärtigung komplexer Inhalte durch stellvertretend gesetzte sinnhafte Vorstellungsbilder bestimmen auch die *Rhetorik ad Herennium* und Quintillians *Institutio oratoria.*

Diese Theorien einer topologischen Strukturierung eines bildhaften Gedächtnisses sind die eine wichtige Grundlage der Brunoschen Mnemotechnik. Nicht minder wesentlich sind die im gesamten Mittelalter und der frühen Neuzeit bekannten kombinatorischen Werke des Raimundus Lullus (1235-1316).

Lullus entfaltet in seinen Schriften eine mnemotechnische Lehre, die sich anders als in der rhetorischen Tradition auf ein abstraktes kombinatorisches System gründet. Ausgehend von der Überzeugung, daß alle Glaubens- und Wissensinhalte mit den Mitteln der Vernunft hergeleitet und erwiesen werden können, entwickelt Lullus eine begriffslogische Kombinatorik, die von den göttlichen Attributen ausgeht, um aus den vielfältigen möglichen Kombinationen dieser alle weiteren Begriffe logisch abzuleiten. Um dies zu demonstrieren und die unterschiedlichen Begriffe zueinander in verschiedene Beziehungen setzen zu können, operiert Lullus mit Figuren aus konzentrisch überlagerten, verschieden großen, gegeneinander drehbaren Kreisscheiben, auf deren Rand eine Buchstabeneinteilung vorgenommen ist. In den einzelnen Sektoren dieser skalierten Scheiben sind (einzelne Begriffe repräsentierend) Buchstabenkürzel gleichsam als Begriffschiffren eingetragen. Dreht man nun die Scheiben, so ergeben sich vielfältige Kombinationsmöglichkeiten und damit variable, logisch strukturierbare Begriffszusammenstellungen.

Auch bei Bruno finden sich solche kombinatorischen Modelle und Tafeln in verschiedenen Schriften. Gleichzeitig arbeitet er in seinen gedächtnistheoretischen bzw. kombinatorischen Entwürfen mit Bildern und einem Regularium der Verortung des Imaginierten in Verbindung mit kombinatorischen Modellen. Nach F.A. Yates zeigt sich hierin ein für die Spätrenaissance typisches Bemühen »um eine Versöhnung der klassischen Gedächtniskunst mit ihren Orten und Bildern und dem Lullismus mit seinen beweglichen Figuren und Buchstaben«[114], das sich nicht zuletzt darin offenbare, daß Bildgedächtnis und und logische Kombinatorik »durch die Verwendung magischer Bilder der Sterne auf den Lullischen Figuren«[115] einen Übergang der Mnemotechnik zur magischen Theorie zeigen. Dies geschehe aber, so Yates, in deutlicher Weise auch im Werk des Nolaners, denn in der Brunoschen Synthese von Lullismus und antiker Mnemotechnik äußere sich die magisch-hermetische Grundlegung seiner Gedächtniskunst: »Brunos brillante Leistung, einen Weg gefunden zu haben, wie sich die klassische Gedächtniskunst mit dem Lullismus kombinieren läßt, beruhte demnach auf einer extremen ›Okkultisierung‹ sowohl der klassischen Kunst wie des Lullismus. Er setzte die Bilder der klassischen Kunst auf Lulls kombinatorische Scheiben, die Bilder aber waren magische Bilder, und die Scheiben waren Zauberscheiben.«[116]

Diese Theorien von Yates gelten heute als außerordentlich spekulativ und fragwürdig, insbesondere die magisch-hermetische Deutung der Brunoschen Mnemotechnik wird durch neuere Forschungsarbeiten rigoros zurückgewiesen. Statt dessen ist es wahrscheinlicher, daß die Gedächtnislehre des Nolaners sowohl in der Darlegung praktischer Anwendungsformen wie der Grundlegung theoretischer Voraussetzungen die bilderzeugende, generative Funktion von Imagination und Phantasie untersucht, diese durch eine mathematische Figurationstheorie unterlegt und nicht zuletzt eine Theorie logischer Invention bzw. regulativer Wissensmultiplikation entwickelt.

Fragen wir abschließend aber nach dem Verhältnis der Brunoschen Einheitsmetaphysik zu diesen gedächtnis- oder bewußtseinstheoretischen Schriften. Das Denken, so Bruno in *De umbris idearum*, ist gleichsam eine innere Schrift dessen, was die Natur durch eine äußere Schrift darstellt: Ein und dasselbe Prinzip organisiert als intelligible Ordnung die dynamische Vielfalt der sichtbaren Welt wie die Strukturiertheit des menschlichen Bewußtseins und dessen logische Operationsmöglichkeiten. Angeregt durch die produktive, bilderzeugende Tätigkeit des Bewußtseins, durch Imagination und Phantasie als unbedingte Vorstufe jeglichen Wissens und geregelt durch den maßgebenden Verstand, formiert sich so aus den durch die Fenster der Seele aufgenommenen Eindrücken ein geistiger Innenraum, ein generatives bzw. qua Invention modifizierbares begriffliches System, dessen logische Strukturierung analog der relationalen

Gefügtheit und strukturalen Gesetzmäßigkeit der Natur durch die göttliche Einheit in allem garantiert ist. Während also Gott oder die Einheit gewissermaßen die allen physischen und relationalen Dingen präexistente Idee aller Ideen ist, zeigen sich die Spuren der Ideen (vestigia idearum) in der physischen Welt, die Schatten der Ideen (umbrae idearum) aber im Verstand (vgl. IC, 94), der, indem er die erzeugende Natur durch das Hervorbringen eines begrifflichen Systems nachahmt, die logische Ordnung des Ganzen innerlich widerspiegelt.

»Das ganze Werk Gottes, der Welt, der Natur und des Verstandes besteht in der Idee, Imagination, Assimilation, Konfiguration, Designation und Notation. Nach der Analogie dieser ahmt die Natur die Wirksamkeit der Gottheit auf bewunderungswürdige Weise nach, und das menschliche Ingenium wetteifert wiederum mit der Natur.« (IC, 89 f.)

Anhang

Anmerkungen

1 B. Brecht, Der Mantel des Ketzers, in: ders., Geschichten, Frankfurt/M. 1962, S. 99.
2 J. Kirchhoff, Giordano Bruno, mit Selbstzeugnissen und Bilddokumenten, Hamburg 1980, S. 140.
3 Vgl. J. Teller (Hg.), Akten des Prozesses der Inquisition gegen Giordano Bruno, in: Giordano Bruno, Von der Ursache, dem Prinzip und dem Einen, übers. von P. Seliger/L. Kuhlenbeck, Berlin 1987, Dokument 9, S. 142.
4 Ebenda, S. 143. Bei der Vorlesung über die Sphäre handelt es sich um Darlegungen auf der Basis der Schrift *De sphaera* des englischen Astronomen und Mathematikers Johannes de Sacrobosco. Brunos Lehrprobe zu Thomas von Aquin bezieht sich vermutlich auf die *Summa theologicae.* Neben Vorlesungen zu Aristoteles' Seelenlehre trägt Bruno über die Mnemotechnik des Raimundus Lullus vor.
5 Die Angriffe eskalieren insbesondere aufgrund eines gegen den Nolaner erhobenen Plagiatvorwurfs. Vgl. F. Yates, Giordano Bruno and the Hermetic Tradition, Chicago/London/Toronto 1964, S. 208 f.
6 Diese im Jahre 1586 aufgestellten, heftig umstrittenen antiaristotelischen Thesen (AC, 72-80) gehen in die spätere, erweiterte Widerlegung der Aristotelischen Naturphilosophie mit dem Titel *Camoeracensis Acrotismus seu Rationes Articulorum Physicorum Adversus Peripateticos Parisiis Propositorum* (Wittenberg 1588) ein.
7 J. Teller (Hg.), Akten des Prozesses der Inquisition gegen Giordano Bruno, a.a.O., S. 144.
8 Es handelt sich um die *Articuli adversus mathematicos*, eine Schrift, in der Bruno eine über die Euklidsche Lehre hinausgehende, philosophisch fundierte Geometrie zu entwickeln versucht.
9 Zwischenzeitlich hielt sich Bruno vermutlich kurzfristig in Zürich auf.

10 Vgl. AS, 224, Anmerkung 2.

11 Hieraus darf allerdings nicht gefolgert werden, daß für Bruno die »Mathematik nur ein fruchtloses Spiel oder ein Zeitvertreib für Narren« (AS, 225, Anmerkung 4) sei. Gerade die Mathematik wird in den Spätschriften eine wichtige Rolle als Erklärungsmodell der Entfaltung der metaphysischen Einheit in die natürliche Vielfalt sein.

12 Zwar nimmt Kopernikus außerdem an, das Weltall sei in seinen Dimensionen unermeßlich, hält damit aber an der Abgeschlossenheit des Weltraumes fest.

13 Nach christlichen Deutungen wird jenseits dieser Sphäre bzw. weiterer vermittelnder Kristallsphären der Wohnsitz Gottes bzw. der Engel angenommen. Vgl. J. Teichmann, Wandel des Weltbildes. Astronomie, Physik und Meßtechnik in der Kulturgeschichte, Hamburg 1989, S. 66.

14 Gleichwohl besitzt die Kreisbewegung, wie wir in späteren Schriften sehen werden, durchaus Modellcharakter für die Erklärung natürlicher Bewegungen.

15 Bereits Nikolaus von Kues (1401-1464), dessen Philosophie für das Verständnis der Brunoschen Lehre von maßgeblicher Bedeutung ist, hatte im zweiten Buch von *De docta ignorantia* aus seiner metaphysischen Lehre eines die unendliche Vielheit des Möglichen und Wirklichen komplikativ in sich fassenden Gottes, der sich in die Mannigfaltigkeit der konkreten Welt ausfaltet (explicatio), auf eine privativ zu denkende Unendlichkeit des Weltalls geschlossen. Cusanus mutmaßt, es könne andere, der Erde gleichwertige belebte Gestirne geben, und forciert damit eine auf der göttlichen Immanenz in allem beruhende enthierarchisierte Struktur des Universums, innerhalb dessen Mittelpunkt- und Peripheriebestimmungen lediglich standortbezogene, perspektivische Gültigkeit beanspruchen können.

16 Vgl. Aristoteles, Metaphysik, 1012 b 34 ff.

17 In *Über die Ursache* spricht Bruno von einem übernatürlichen göttlichen Wesen, der »divina soprannaturale essenza« (CPU, 227). Für dieses »summo ed ottimo principio« haben wir jedoch keinen Begriff (»concetto«), es liegt außerhalb wissenschaftlicher Betrachtung, ist »escluso della nostra considerazione« und kann nur in

einer Kontemplation, die über die Natur hinausgeht, »che ascende sopra la natura« (CPU, 308), geschaut werden. Auch im *Aschermittwochsmahl* verweist Bruno im Unterschied zur Materie als Substanz aller Dinge auf eine darüber hinausgehende »sustanza soprasustanziale«. Vgl. CEN, 156.

18 Zur Aristotelischen Unterscheidung von causa formalis, causa finalis, causa efficiens und causa materialis vgl.: Aristoteles, Metaphysik, 983 a 27 ff.

19 Neben dem Weltseelenkonzept Platons im *Timaios* beruft sich Bruno vor allem auf den Neuplatoniker Plotin. Anzunehmen ist aber, daß Bruno in seinem Text *Über die Ursache*, ohne ausdrücklich darauf hinzuweisen, auf den Seelenbegriff Ficinos rekurriert. Vgl. W. Beierwaltes, Einleitung, in: Giordano Bruno, Von der Ursache, dem Prinzip und dem Einen, übers. von A. Lasson, hrsg. von P. R. Blum, Hamburg 1977, S. XIV ff.

20 Gleich einer Stimme, die – wie Bruno in Anknüpfung an Plotin (Enneade, VI 4, 12) formuliert –, während sie von allen Hörern gleichermaßen vernommen wird, ungeteilt bleibt. Entscheidend ist es, die Allgegenwart des universalen Intellektes bzw. der Weltseele weder räumlich noch zeitlich zu verstehen, sondern als geistige Ubiquität und Simultanität ein- und desselben. Vgl. U, 73.

21 Vgl. zu Brunos Aristoteleskritik: W. Beierwaltes, Einleitung, in: Giordano Bruno, Von der Ursache, dem Prinzip und dem Einen, a.a.O, S. XIX ff.

22 »Darin, daß alles in Gott ist, schließt er alles ein [omnia complicans]. Und darin, daß er selbst in allem ist, entfaltet er alles [omnia explicans].« Nikolaus von Kues, De docta ignorantia, in: ders., Die Philosophisch-Theologischen Schriften, hrsg. u. eingel. von L. Gabriel, übers. u. komment. von D. und W. Dupré, Bd. 1, Wien 1989, Kap. III, S. 333.

23 Vgl. ebenda, Kap. I, S. 195.

24 Vgl. zum Materiebegriff die Ausführungen zu den Brunoschen »Prinzipien der Natur« in: P.R. Blum, Aristoteles bei Giordano Bruno, a.a.O., S. 62 ff.

25 Die Fruchtbarkeits- und Zeugungsmetaphorik spielt in der Brunoschen Begründung der lebendigen Prozessualität der Natur eine immense Rolle.

26 Für eine Identifizierung der göttlichen Einheit mit der Materie scheint zunächst zu sprechen, daß Bruno mit den Materiekonzeptionen David von Dinants (um 1200) und Avicebrons (1020-1070) sympathisiert. Genauer betrachtet, stellt sich jedoch heraus, daß er zwar die philosophische Aufwertung des Materieprinzips unterstützt, bei diesen Denkern aber Irrtümer hinsichtlich der Bestimmung des Formprinzips gegeben sieht. (Vgl. U, 91, 122) Brunos Versuch geht eher in die Richtung, ausgehend von einer gleichwertigen Bestimmung von Materie- und Formprinzip, die notwendige wechselseitige Bedingtheit beider im Sinne einer substantiellen Grundlage der physischen Welt hervorzuheben.

27 Vgl. W. Beierwaltes, Einleitung, in: Giordano Bruno, Von der Ursache, dem Prinzip und dem Einen, a.a.O., S. XXVI ff.

28 Vgl. P. R. Blum, Aristoteles bei Giordano Bruno, a.a.O., S. 90.

29 H. Blumenberg, Aspekte der Epochenschwelle, a.a.O., S. 69.

30 Vgl. Nikolaus von Kues, Idiota de mente, in: ders., Die Philosophisch-Theologischen Schriften, Bd. III, a.a.O., S. 503.

31 Bruno beruft sich auf Cusanus, den »Entdecker der schönsten Geheimnisse der Geometrie« (U, 144), und nimmt dessen geometrisch exemplifizierte und zugleich die geometrische Darstellbarkeit übersteigende Definition der Coincidentia oppositorum (Zusammenfall der Gegensätze) auf. (Vgl. Nikolaus von Kues, De docta ignorantia, a.a.O., Kap. IV ff.). Im Unterschied zu Cusanus' Anwendung auf den Gottesbegriff spricht Bruno von einer solchen Aufhebung des Gegensätzlichen hier in bezug auf das unendliche Universum als Einheit.

32 Vgl. auch Nikolaus von Kues, De docta ignorantia I, a.a.O., Kap. XIII ff.

33 Vgl. ebenda, S. 201; Kap. XI, S. 229.

34 Bruno spielt hier auf den italienischen Arzt und Naturphilosophen Girolamo Fracastoro (um 1483-1553) an, von dem neben medizinischen Werken und einer Schrift zur Aristotelischen Seelenlehre die Abhandlung *De sympathia et antipathia rerum* überliefert ist, in der sich eine sympathetische Naturauffassung niederschlägt.

35 Bruno zitiert hier Lukrez' *De rerum natura* I, Vers 998-1001. »So sehr breitet sich rings den Dingen gewaltige Fülle/ überall hin nach allen Seiten ohne ein Ende«. (UN, 10).

36 Brunos prinzipielle Auffassung einer stufenweisen Verwirklichung des Einen in allem in Form unterschiedlicher Seinsmodi steht in Korrespondenz zu einem stufenartigen Aufbau der Erkenntnismodi, denn letztendlich ist es ein und dieselbe Stufenleiter, auf der sich die Einheit in die Vielheit des Seienden ausfaltet bzw. die erkennende Vernunft die Vielheit auf die Einheit zurückführt. Vgl. U, 139.

37 Vgl. Aristoteles, Physik, 212 a 6

38 Vgl. ebenda, 212 a 31.

39 Vgl. ebenda, 212 b 8-12.

40 Nach Aristoteles schließt sich um die Erde die Wassersphäre, um diese die Luftsphäre, umfaßt von der Leuchtsphäre, welche wiederum von der Himmelssphäre umfangen wird. Vgl. ebenda, 212 b 20 ff.

41 Vgl. ebenda, 212 b 16 ff.

42 Vgl. ders., Vom Himmel, 279 a 11 ff. Ausgehend davon, daß außerhalb des Weltalls weder Raum noch Leere oder Zeit existieren, schließt Aristoteles auf ein körperloses, unveränderliches, zeitloses, ewig seiendes göttliches Wesen: den unbewegten Beweger des Alls.

43 Vgl. zum Raumbegriff: P. R. Blum, Aristoteles bei Giordano Bruno, a.a.O., S. 29 ff.

44 Vgl. INF, 376. Bruno argumentiert im folgenden mehrfach mit einer Konvenienzbeziehung, d.h. einem Äquivalenzverhältnis zwischen dem schaffenden unendlichen Einen und dem geschaffenen einen Unendlichen, die jedoch zugleich als Angemessenheit zu interpretieren ist und damit in Verbindung mit dem Prinzip des Guten eine ethische Dimension eröffnet.

45 Vgl. zur Neidlosigkeit der Güte: Platon, Timaios, 29 e; zur Identifikation des Einen mit dem Guten: Plotin, Enneade V 4, 6 f.

46 Vgl. hierzu den von Cusanus gesetzten Unterschied zwischen absoluter oder negativer und privativer Unendlichkeit: Nikolaus von Kues, De docta ignorantia II, a.a.O., S. 321.

47 Vgl. Aristoteles, Metaphysik, 1071 b 3 - 1076 a 4.

48 Für Bruno ist jede natürliche Bewegung kreisförmig. Geradlinige Bewegungen der Anziehung und des Rückstoßes oder des Ein- und Ausfließens finden in bezug auf einen bestimmten Planeten innerhalb der ihm zugehörigen Sphäre statt. Vgl. UN, 104.

49 Vorreiter für dieses Genre ist der in humanistischen Kreisen außerordentlich geschätzte griechische Dichter Lukian von Samosata (ca. 120-180 n. Chr.), der Verfasser zahlreicher Satiren und Burlesken, in denen Elemente der Sokratischen Dialoge und der Komödie zusammenfließen. Insbesondere der Philosophenstand wird zur Zielscheibe zynischer Attacken bzw. ob seiner Nutzlosigkeit der Lächerlichkeit preisgegeben. Eines der Meisterwerke Lukians ist das *Deorum concilium* (Die Götterversammlung), in dem die Figur des Momos, der wir auch bei Bruno begegnen, eine zentrale Rolle spielt.

50 Indirekt läßt Bruno hiermit die Ablehnung der christlichen Vorstellung einer leiblichen Auferstehung anklingen.

51 Wenn Zeus hier von sich als »misero peccatore« spricht bzw. seine Sündhaftigkeit reumütig eingesteht, »mia colpa [...] la mia gravissima colpa«, und damit die Worte des *Confiteor* (Sündenbekenntnis der katholischen Liturgie seit 1570) aufnimmt, ist davon auszugehen, daß Bruno hiermit zu einem spöttischen Seitenhieb auf den christlichen Sündenbegriff bzw. die dazugehörige Bußpraxis ausholt.

52 Diese Grundstruktur einer Beziehung der metaphysischen, physischen und logischen Welt durchzieht das gesamte Brunosche Werk.

53 »Kein Gesetz sollte gutgeheissen und geduldet werden, wenn dadurch nicht der *Gesamtheit* Nutzen und Vorteil erwächst, wenn dadurch nicht das beste aller denkbaren Ziele gefördert wird, nämlich die Erziehung der Seelen und die Besserung der Geister, auf dass sie für die menschliche Gesellschaft notwendige und nützliche Früchte bringen.« VER, 134.

54 Bruno spielt hiermit auf Erasmus von Rotterdams Schrift *Lob der Torheit* an.

55 Vgl. N. Ordine, La cabala dell'asino. Asinità e conoscenza in Giordano Bruno, Neapel 1987.

56 Bruno bezieht sich hiermit auf den von Cusanus bestimmten Begriff einer belehrten Unwissenheit. Vgl. Nikolaus von Kues, De docta ignorantia, a.a.O.

57 Anspielung auf das kyllenische Gebirge, den mythologischen Geburtsort des Hermes, der u.a. Schutzgott der Wissenschaft ist. Vgl. CA, 922.

58 Vgl. H. Böhme, Giordano Bruno (1548-1600), in: G. Böhme (Hg.), Klassiker der Naturphilosophie. Von den Vorsokratikern bis zur Kopenhagener Schule, München 1989, S. 117-135.

59 Vgl. zum Begriff des Heroischen: H. U. Schmidt, Zum Problem des Heros bei Giordano Bruno, Bonn 1968.

60 Vgl. F. Fellmann, Einleitung, in: Giordano Bruno, Von den heroischen Leidenschaften, übers. u. hrsg. von C. Bacmeister, Hamburg 1989, S. VII-XL.

61 Vgl. Platon, Symposion, 204 a-c.

62 Vgl. W. Beierwaltes, Actaeon. Zu einem mythologischen Symbol Giordano Brunos, in: ders., Denken des Einen. Studien zur neuplatonischen Philosophie und ihrer Wirkungsgeschichte, Frankfurt/M. 1985, S. 424-435.

63 Vgl. Nikolaus von Kues, De docta ignorantia II, a.a.O., S. 321.

64 Ders., De docta ignorantia III, a.a.O., S. 420.

65 Vgl. ders., De docta ignorantia II, a.a.O., S. 329. Vgl. auch H. Blumenberg, Aspekte der Epochenschwelle. Cusaner und Nolaner, a.a.O., S. 125; sowie zur Brunoschen Unterscheidung eines »infinitum infinite« von einem »infinitum finite«: P. R. Blum, Aristoteles bei Giordano Bruno, a.a.O., S. 42.

66 Vgl. Nikolaus von Kues, De docta ignorantia II, a.a.O., S. 341.

67 Vgl. ebenda, S. 437 ff.; ders., De visione dei, in: ders., Die Philosophisch-Theologischen Schriften, Bd. III, a.a.O., S. 179 ff.

68 Zu den »Distinktionen des Unendlichen« vgl.: P. R. Blum, Aristoteles bei Giordano Bruno, a.a.O., S. 40 ff.

69 Vgl. H. Blumenberg, Aspekte der Epochenschwelle. Cusaner und Nolaner, a.a.O., S. 125 ff., 140.

70 Dieses Motiv des unendlichen Kreises, in dem Mittelpunkt, Radius und Peripherie koinzidieren, entnimmt Bruno dem im Spätmittelalter und der Renaissance vielrezipierten *Buch der vierundzwanzig Philosophen*, einer pseudo-hermetischen Schrift anonymer Autorschaft aus dem 13. Jahrhundert. Vgl. C. Baeumker, Das pseudo-hermetische »Buch der vierundzwanzig Meister« (Liber XXIV philosophorum), a.a.O., S. 31.

71 In der Tradition der stoischen Pneumalehre bzw. neuplatonischer Spiritus-Vorstellungen stehend, knüpft Bruno u.a. an Seelenlehre und Spiritus-Theorie Marsilio Ficinos an. Der Spiritus ist eine be-

wegliche Substanz, die im Körperlichen und zwischen den körperlichen Dingen wirkt. Dasjenige, was als »vehiculum omnium virtutum« (RP, 523 f.) das Fließen des Wassers, die Luftströmung ebenso wie die Bewegung des Blutes im Körper in Bewegung hält. Im generellen Sinne setzt Bruno diesen universalen Spiritus mit der Weltseele gleich (vgl. RP, 524), sofern sie Prinzip der Bewegung und der Vitalität im Körperlichen ist. In Verbindung mit dem jeweiligen Stoff, elementaren Körper, einer körperlichen Zusammensetzung oder im Luftraum des Universums wirkt dieser Spiritus in je eigentümlicher Weise, zeigt sich in mannigfaltigsten Bewegungsformen, Beziehungsstrukturen und -verhältnissen.

72 Bruno unterscheidet explizit zwischen der Welt (mundus) bzw. den Welten und dem Universum als dem alle Welten umfassenden, unbeweglichen Raumkontinuum.

73 P. R. Blum, Aristoteles bei Giordano Bruno, a.a.O., S. 39.

74 E. Cassirer, Individuum und Kosmos in der Philosophie der Renaissance, a.a.O., S. 192.

75 Vgl. I1, 307. Da jedes Gestirn, jedes einzelne Lebewesen eine individuelle Bewegung vollzieht und damit einen zeitlich bestimmbaren Ablauf, der allerdings ein je spezifischer ist, kann für Bruno auch die menschliche Zeitwahrnehmung nur eine subjektive sein, die ihr Maß an den jeweiligen Bewegungen einzelner Körper findet und nicht, wie bei Aristoteles (Physik IV, 11), die Zeit als Maß der Bewegung voraussetzt. Vgl. hierzu AC, 143 ff.

76 Bruno ist mit der magischen Tradition, nicht zuletzt in deutlicher Anknüpfung an Agrippa von Nettesheim, aber ebenso an neuplatonische und hermetische Quellen, vertraut, was sich in seinen magischen Schriften niederschlägt. Allerdings lehnt er ausdrücklich fadenscheinige Zauberei und betrügerische Taschenspielerkünste als Scharlatanerie ab. Seriöse magische Praktiken, insbesondere aber die natürliche Magie (magia naturalis) stützen sich auf die Kenntnis natürlicher Kräfte und Beziehungen, die letztendlich auf der Wirkung der Weltseele basieren. Vgl. SS, 198 ff.

77 Vgl. W. Beierwaltes, Einleitung, in: Giordano Bruno, Von der Ursache, dem Prinzip und dem Einen, a.a.O., S. XXII.

78 Vgl. hierzu C. Monti, Lurezianismus und Neuplatonismus. Versuch einer theoretischen Synthese in den lateinischen Gedichten Gior-

dano Brunos, in: K. Heipcke/W. Neuser/E. Wicke (Hg.), Die Frankfurter Schriften Giordano Brunos und ihre Voraussetzungen, a.a.O., S. 166.

79 Übersetzung zit. nach: St. Otto (Hg.), Renaissance und frühe Neuzeit, a.a.O., S. 332 f.

80 Vgl. hierzu H.-B. Gerl, Einführung in die Philosophie der Renaissance, a.a.O., S. 34 ff.; St. Otto, Renaissance und frühe Neuzeit, a.a.O., S. 63 ff.; E. Cassirer, Individuum und Kosmos in der Philosophie der Renaissance, a.a.O., S. 192 ff.

81 Gerade Brunos Spiegelungsmetaphorik, in der seine reflexionstheoretischen Ansätze Niederschlag finden, gibt Anlaß, moderne Begriffe von Subjektivität nur mit äußerster Vorsicht und unter dem Vorbehalt der darin vorweggenommenen Implikate auf das Brunosche Denken anzuwenden.

82 Vgl. E. v. Samsonow, Weltförmigkeit des Bewußtseins. Die Idee der Verschiedenheit und ihre geometrische Konstruktion und Darstellung in der Schrift *De monade*, in: K. Heipcke/W. Neuser/E. Wicke (Hg.), Die Frankfurter Schriften Giordano Brunos und ihre Voraussetzungen, a.a.O., S. 95-106.

83 H.-B. Gerl betont den Übergang der »mittelalterlich-metaphysischen Ontologie zur neuzeitlich-metaphysischen Intellektlehre, in deren Dynamik auch die Ablösung des alten Substanzbegriffes durch den Funktionsbegriff liegt«. Vgl. H.-B. Gerl, Einführung in die Philosophie der Renaissance, a.a.O., S. 39.

84 Übersetzung zit. nach: St. Otto (Hg.), Renaissance und frühe Neuzeit, a.a.O., S. 334. Vgl. auch P. R. Blum, Aristoteles bei Giordano Bruno, a.a.O., S. 97.

85 Vgl. hierzu W. Beierwaltes, Einleitung, in: Giordano Bruno, Von der Ursache, dem Prinzip und dem Einen, a.a.O., S. XXXI; sowie P.R. Blum, Aristoteles bei Giordano Bruno, a.a.O., S. 99: »Mit aller aus historischen Gründen gebotenen Vorsicht läßt sich sagen, daß Bruno damit eine transzendentale Begründung jeder Erkenntnis sucht.«

86 Vgl. P.R. Blum, Aristoteles bei Giordano Bruno, a.a.O., S. 100.

87 Der Mensch umfaßt in sich gewissermaßen alle Stufen des Lebendigen.

88 Vgl. E. Cassirer, Individuum und Kosmos in der Philosophie der Renaissance, a.a.O., S. 200.

89 »Bruno muß die Teilung mit einem ›absoluten Teil‹ begründen, ebenso wie er die Ausdehnung in der reinen unendlichen Dimensionalität begründet.« P.R. Blum, Aristoteles bei Giordano Bruno, a.a.O., S. 46.

90 Bruno spricht verschiedentlich von einem fließenden Punkt (»fluente puncto«) bzw. einem Fluxus des Punktes (»fluxus puncti«). Analog der geometrischen Dimensionsfolge, der Konstruktion der körperlichen Figur über Punkt, Linie und Fläche, ist die Ausfaltung der metaphysischen Einheit als generativer Entfaltungsprozeß zu verstehen. Diese Explikationsbewegung aus dem »Punkt« aber vollzieht sich als fließender Übergang vom Einfachen zum Komplexen.

91 »Der Raum geht gleichsam durch eine unendliche zentrische Streckung aus dem Punkt hervor, wie umgekehrt der Punkt gleichsam durch eine unendliche zentrische Stauchung aus dem Raum hervorgeht.« K. Heipcke/W. Neuser/E. Wicke, Über die Dialektik der Natur und der Naturerkenntnis. Anmerkungen zu Giordano Brunos »De Monade, Numero et Figura«, in: dies. (Hg.), Die Frankfurter Schriften Giordano Brunos und ihre Voraussetzungen, a.a.O., S. 155.

92 C. Baeumker, Das pseudo-hermetische »Buch der vierundzwanzig Meister«, a.a.O., S. 31.

93 Vgl. hierzu besonders E. v. Samsonow, Einleitung, in: Giordano Bruno, Über die Monas, die Zahl und die Figur als Elemente einer sehr geheimen Physik, Mathematik und Metaphysik, hrsg. von E. v. Samsonow, Hamburg 1991, S. XIII.

94 G.W.F. Hegel, Vorlesungen über die Geschichte der Philosophie, Bd. III, in: ders., Werke in zwanzig Bänden, Theorie Werkausgabe, Frankfurt/M. 1971, S. 26 f.

95 Vgl. hierzu H. Blumenberg, Einleitung, in: Giordano Bruno, Das Aschermittwochsmahl, übers. von F. Fellmann, Frankfurt/M. 1986, S. 24.

96 Vgl. ebenda, S. 25.

97 J.G. Buhle, Geschichte der Philosophie, Bd. II, Göttingen 1800, S. 704, 713.

98 Ebenda, S. 769.

99 Ebenda.

100 Brief Goethes an Schlosser, 31.3.1812. Zit. nach: W. Saenger, Goethe und Giordano Bruno. Ein Beitrag zur Geschichte der Goethischen Weltanschauung, Berlin 1930, S. 47.

101 W. Beierwaltes, Einleitung, in: Giordano Bruno, Von der Ursache, dem Prinzip und dem Einen, a.a.O., S. XXXV.

102 F.W.J. Schelling, Bruno oder Über das göttliche und natürliche Prinzip der Dinge, Leipzig 1989, S. 66 f.

103 G.W.F. Hegel, Vorlesungen über die Geschichte der Philosophie, a.a.O., S. 22.

104 Ebenda, S. 23.

105 Ebenda, S. 28.

106 Ebenda, S. 25.

107 Ebenda, S. 31.

108 Ebenda, S. 24.

109 Ebenda, S. 39.

110 Es sei nochmals daran erinnert, daß die Publikation der kritischen Gesamtausgabe der lateinischen Schriften von Fiorentino, Tocco u.a. auf die Jahre 1879-81 datiert.

111 G.W.F. Hegel, Vorlesungen über die Geschichte der Philosophie, a.a.O., S. 31.

112 F. Aretin, Uebersicht des Systems des Jordanus Brunus, in: J. Mailáth, Mnemonik oder Kunst das Gedächtnis nach Regeln zu stärken und dessen Kraft außerordentlich zu erhöhen, Wien 1842, S. 97.

113 M.T. Cicero, De oratore/Über den Redner, übers. u. hrsg. von H. Merklin, Stuttgart 1991, S. 433.

114 F.A. Yates, Gedächtnis und Erinnern. Mnemonik von Aristoteles bis Shakespeare, Weinheim 1990, S. 192.

115 Ebenda, S. 179.

116 Ebenda, S. 194.

Literaturhinweise

1. Primärliteratur

a) Zitierte Ausgaben der Werke Brunos

Jordani Bruni Nolani *Opera Latine Conscripta*, Faksimile-Neudruck der Ausgaben von F. Fiorentino/F. Tocco u.a., Neapel/Florenz 1879-1891, Nachdruck Stuttgart-Bad Cannstatt 1961-62; drei Bände (röm. Ziffern) in acht Teilen (arab. Ziffern).

Dialoghi Italiani I (Dialoghi metafisici) & Dialoghi Italiani II (Dialoghi morali), Neudruck mit Anmerkungen von Giovanni Gentile, 3. Aufl., neu bearbeitet und eingeleitet von Giovanni Aquilecchia, Florenz 1958, 2. Aufl.: 1985.

Opere latine di Giordano Bruno, hrsg. und eingeleitet von Carlo Monti, Turin 1980.

Siglen

AC	Camoeracensis Acrotismus, Opera lat. I 1.
AM	Ars memoriae, Opera lat. II 1.
AP	Artificium perorandi, Opera lat. II 3.
ART	Articuli centum et sexaginta adversus huius tempestatis mathematicos atque philosophos, Opera lat. I 3.
AS	Das Aschermittwochsmahl, übers. v. F. Fellmann, Frankfurt/M. 1981.

CA Cabala del cavallo pegaseo con l'aggiunta dell'asino cillenico, Dialoghi Italiani II, hrsg. von G. Gentile/G. Aquilecchia, Florenz 1985.

CAN Il Candelaio, hrsg. von G. Bárberi-Squarotti, Turin 1975.

CC Cantus circaeus, Opera lat. II 1.

CEN La cena de le ceneri, Dialoghi Italiani I, hrsg. von G. Gentile/G. Aquilecchia, Florenz 1985.

COM De compendiosa architectura, et complemento artis Lullii, Opera lat. II 2.

CPU De la causa, principio e uno, Dialoghi Italiani I, hrsg. von G. Gentile/G. Aquilecchia, Florenz 1985.

DD Due dialoghi sconosciuti e due dialoghi noti: Idiota triumphans – De somnii interpretazione – Mordentius – De mordentii circino, hrsg. und eingeleitet von G. Aquilecchia, Rom 1957.

DI Dialoghi Italiani I (Dialoghi metafisici) & Dialoghi Italiani II (Dialoghi morali), hrsg. von G. Gentile/G. Aquilecchia, Florenz 1985.

EF De gli eroici furori, Dialoghi Italiani II, hrsg. von G. Gentile/G. Aquilecchia, Florenz 1985.

ETS Triginta sigillorum explicatio, Opera lat. II 2.

F Figuratio Aristotelici physici auditus, Opera lat. I 4.

HL Von den heroischen Leidenschaften, übers. u. hrsg. von C. Bacmeister, Hamburg 1989.

I1 De immenso et innumerabilibus seu de universo et mundis, Opera lat. I 1 (Lib. I-III).

I2 De immenso et innumerabilibus seu de universo et mundis, Opera lat. I 2 (Lib. IV-VIII).

IC De imaginum, signorum et idearum compositione, Opera lat. II 3.

INF De l'infinito, universo e mondi, Dialoghi Italiani I, hrsg. von G. Gentile/G. Aquilecchia, Florenz 1985.

KAB Kabbala, Kyllenischer Esel, Reden, Inquisitionsakten, in: Giordano Bruno, Gesammelte Werke, Bd. 6, übers. von L. Kuhlenbeck, Jena 1909.

LC De lampade combinatoria Lulliana, Opera lat. II 2.

LPH Libri physicorum Aristotelis explanati, Opera lat. III.

LTS Lampas triginta statuarum, Opera lat. III.

LV De progressu et lampade venatoria logicorum, Opera lat. II 3.

MAG	De magia, Opera lat. III; De magia mathematica, Opera lat. III.
MNF	De monade, numero et figura, Opera lat. I 2.
MON	Über die Monas, die Zahl und die Figur als Elemente einer sehr geheimen Physik, Mathematik und Metaphysik, hrsg. von E. v. Samsonow, Hamburg 1991.
OV	Oratio valedictoria, Opera lat. I 1.
PG	Praelectiones geometricae e Ars deformationum, hrsg. von G. Aquilecchia, Rom 1964.
RP	De rerum principiis et elementis et causis, Opera lat. III.
SP	Spaccio de la bestia trionfante, Dialoghi Italiani II, hrsg. von G. Gentile/G. Aquilecchia, Florenz 1985.
SS	Sigillus sigillorum, Opera lat. II 2.
STM	Summa terminorum metaphysicorum, Opera lat. I 4.
TMM	De triplici minimo et mensura, Opera lat. I 3.
U	Über die Ursache, das Prinzip und das Eine, übers. von Ph. Rippel, Stuttgart 1986.
UI	De umbris idearum, Opera lat. II 1.
UN	Über das Unendliche, das Universum und die Welten, übers. u. hrsg. von Chr. Schultz, Stuttgart 1994.
UPE	Von der Ursache, dem Prinzip und dem Einen, übers. von A. Lasson, hrsg. von P.R. Blum, Hamburg 1977.
V	De vinculis in genere, Opera lat. III.
VER	Reformation des Himmels (Lo spaccio della bestia trionfante/Die Vertreibung der triumphierenden Bestie), in: Giordano Bruno's Gesammelte philosophische Werke, Bd. 1, Leipzig 1890, 2. Aufl.: 1899.
WA	Wittenberger Abschiedsrede. Die Abschiedsrede Brunos zu Wittenberg am 8. März 1588, in: Giordano Bruno, Gesammelte Werke, Bd. 6, hrsg. von L. Kuhlenbeck, Jena 1909.
ZW	Zwiegespräche vom unendlichen All und den Welten, hrsg. von L. Kuhlenbeck, Darmstadt 1983 (Nachdruck der Ausgabe: Giordano Bruno, Gesammelte Werke, Bd. 3, Jena 1904).

2. Auswahlbibliographie

T. Albertini (Hg.), Verum et Factum. Beiträge zur Geistesgeschichte und Philosophie der Renaissance zum 60. Geburtstag von Stephan Otto, Frankfurt/M. u.a. 1993.

G. Aquilecchia, Ancora su Giordano Bruno a Oxford, in: Studi Secenteschi, Bd. 4, 1963, S. 3-13.

Ders., Giordano Bruno, Rom 1971.

Aristoteles, Metaphysik, neubearb. u. übers. von H. Bonitz, hrsg. von H. Seidl; Erster Halbbd., Bücher I (A) - VI (E), Hamburg 1989, Zweiter Halbbd., Bücher VII (Z) - XIV (N), Hamburg 1991.

Ders., Metaphysik. Schriften zur Ersten Philosophie, übers. u. hrsg. von F.F. Schwarz, Stuttgart 1987.

Ders., Physik. Vorlesung über Natur, Erster Halbbd., übers. u. hrsg. von H.G. Zekl, Hamburg 1987.

Ders., Vom Himmel, Von der Seele, Von der Dichtkunst, übers. von O. Gigon, Zürich 1950.

K. Atanasijevic, The Metaphysical and Geometrical Doctrine of Bruno as given in his Work »De triplici Minimo«, übers. von G.V. Tomashevich, Paris 1923/St. Louis 1972.

C. Baeumker (Hg.), Das pseudo-hermetische »Buch der vierundzwanzig Meister« (Liber XXIV philosophorum). Ein Beitrag zur Geschichte des Neupythagoreismus und Neuplatonismus im Mittelalter, in: Abhandlungen aus dem Gebiete der Philosophie und ihrer Geschichte. Eine Festgabe zum 70. Geburtstag Georg Freiherrn von Hertling, Freiburg/Br. 1913.

C. Bartholmèss, Jordano Bruno, Paris 1846 (Bd. 1) u. 1847 (Bd. 2).

W. Beierwaltes, Denken des Einen. Studien zur neuplatonischen Philosophie und ihrer Wirkungsgeschichte, Frankfurt/M. 1985.

Ders., Einleitung, in: Giordano Bruno, Von der Ursache, dem Prinzip und dem Einen, hrsg. von P.R. Blum, Hamburg 1983, S. IX-XL.

Ders., Identität und Differenz, Frankfurt/M. 1980.

Ders., Neuplatonisches Denken als Substanz der Renaissance, in: Magia Naturalis und die Entstehung der modernen Naturwissenschaften, Symposion der Leibniz-Gesellschaft, Hannover, 14./15.11. 1975, Studia Leibnitiana, im Auftrag der Gottfried-Wilhelm-Leibniz-Gesellschaft, Sonderheft 7, hrsg. von K. Müller u.a., Wiesbaden 1978.

Ders., Subjektivität, Schöpfertum, Freiheit. Die Philosophie der Renaissance zwischen Tradition und neuzeitlichem Bewußtsein, in: Der Übergang zur Neuzeit und die Wirkung von Traditionen (= Veröffentlichung der Joachim-Jungius-Gesellschaft der Wissenschaften, Bd. 32), Göttingen 1978, S. 15-31.

L. de Bernart, Immaginazione e scienza in Giordano Bruno. L'infinito nelle forme dell'esperienza, Pisa 1986.

P.R. Blum, Aristoteles bei Giordano Bruno. Studien zur philosophischen Rezeption, München 1980.

H. Blumenberg, Aspekte der Epochenschwelle. Cusaner und Nolaner, Frankfurt/M. 1976.

M. Boas, Die Renaissance der Naturwissenschaften 1450-1630. Das Zeitalter des Kopernikus, Gütersloh 1965.

H. Böhme, Giordano Bruno (1548-1600), in: Klassiker der Naturphilosophie. Von den Vorsokratikern bis zur Kopenhagener Schule, hrsg. von G. Böhme, München 1989, S. 117-135.

A. Bönker-Vallon, Metaphysik und Mathematik bei Giordano Bruno, Berlin 1995.

D. Bremer, Antikes Denken im neuzeitlichen Bewußtsein, dargestellt an der Entwicklung des Welt- und Menschenbildes bei Giordano Bruno, in: Zeitschrift für philosophische Forschung 34, 1980, Meisenheim/Glan, S. 505-533.

J. Brockmeier, Die Naturtheorie Giordano Brunos. Erkenntnistheoretische und naturphilosophische Voraussetzungen des frühbürgerlichen Materialismus, Frankfurt/M. 1980.

H. Brunnhofer, Giordano Brunos Lehre vom Kleinsten als die Quelle der prästabilierten Harmonie von Leibniz, Leipzig 1890.

J.G. Buhle, Geschichte der Philosophie, Göttingen 1800.

E. Cassirer, Individuum und Kosmos in der Philosophie der Renaissance, Darmstadt 1963.

M. Ciliberto, Giordano Bruno, Bari 1990.

Ders., La ruota del tempo. Interpretazione di Giordano Bruno, Rom 1986.

Ders., Lessico di Giordano Bruno, Lessico intellettuale europeo, Bd. 16/17, Rom 1979.

F.J. Clemens, Giordano Bruno und Nicolaus von Cusa. Eine philosophische Abhandlung, Bonn 1847.

A. Corsano, Il pensiero di Giordano Bruno nel suo svolgimento storico, Florenz 1940.

A. Deregibus, Bruno e Spinoza, Turin 1981.

H. v. Ditfurth, Giordano Bruno, in: Exempla Historica. Die Konstitution der neuzeitlichen Welt. Philosophen, hrsg. von K. Fassmann, Bd. 28, Frankfurt/M. 1984, S. 9-36.

A. Eusterschulte, Analogia entis seu mentis. Analogie als erkenntnistheoretisches Prinzip in der Philosophie Giordano Brunos, Würzburg 1997.

Dies., Natura est deus in rebus. Die »lebendige Kunst« der Natur bei Giordano Bruno, in: Naturstücke. Zur Kulturgeschichte der Natur, hrsg. von H.W. Ingensiep/R. Hoppe-Sailer, Ostfildern 1996, S. 69-100.

F. Fellmann, Giordano Bruno und die Anfänge des modernen Denkens, in: W.D. Stempel/K. Stierle (Hg.), Die Pluralität der Welten. Aspekte der Renaissance in der Romania, München 1987, S. 449-486.

E. Fink, Die Exposition des Weltproblems bei Giordano Bruno, in: Der Idealismus und seine Gegenwart. Festschrift für W. Marx, hrsg. von U. Guzzoni, Hamburg 1976, S. 127-132.

E. Garin, Aristotelismo e platonismo del Rinascimento, in: La rinascita 2, 1939, S. 641-671.

Ders., Der italienische Humanismus, Bern 1947.

Ders., Der Begriff der Geschichte in der Philosophie der Renaissance, in: Zum Begriff und Problem der Renaissance, hrsg. von A. Buck, Darmstadt 1969.

Ders., La cultura filosofica del Rinascimento italiano, Florenz 1961.

Ders., Problemi di religione e filosofia nella cultura fiorentina del Quattrocento, in: Bibliothèque d'Humanisme et Renaissance 14, 1952, S. 70-82.

Ders., Storia della filosofia italiana, 3 Bde., 3. Aufl., Turin 1978.

G. Gentile, Giordano Bruno e il pensiero del Rinascimento, Florenz 1920.

H.-B. Gerl, Einführung in die Philosophie der Renaissance, Darmstadt 1989.

E.B. Hartung, Grundlinie einer Ethik des Giordano Bruno, Leipzig 1878.

A. Haverkamp (Hg.), Memoria. Vergessen und Erinnern, München 1993.

G.W.F. Hegel, Vorlesungen über die Geschichte der Philosophie, Bd. III, in: ders., Werke in zwanzig Bänden, Theorie Werkausgabe, hrsg. von E. Moldenhauer/K.M. Michel, Frankfurt/M. 1971.

H. Heimsoeth, Atom, Monade, Seele. Historische Ursprünge und Hintergründe von Kants Antinomie der Teilung (= Abhandlungen der Geistes- und Sozialwissenschaftlichen Klasse, Nr. 3, 1960), Wiesbaden 1960.

Ders., Die sechs großen Themen der abendländischen Metaphysik und der Ausgang des Mittelalters, Darmstadt 1974.

K. Heipcke/W. Neuser/E. Wicke (Hg.), Die Frankfurter Schriften Giordano Brunos und ihre Voraussetzungen, Weinheim 1991.

B. Hentschel, Die Philosophie Giordano Brunos – Chaos oder Kosmos? Eine Untersuchung zur strukturalen Logizität und Systematizität des nolanischen Werks, Frankfurt/M. u.a. 1988.

W. Hirdt, Giordano Bruno. Tragik eines Unzeitgemäßen, Tübingen 1993.

K. Huber, Einheit und Vielheit in Denken und Sprache Giordano Brunos, Zürich-Winterthur 1965.

A. Ingegno, Cosmologia e filosofia nel pensiero di Giordano Bruno, Florenz 1978.

J. Kirchhoff, Giordano Bruno, mit Selbstzeugnissen und Bilddokumenten dargestellt, Hamburg 1958.

A. Koyré, Von der geschlossenen Welt zum unendlichen Universum, Frankfurt/M. 1969.

P.O. Kristeller, Eight Philosophers of the Italian Renaissance, Standford 1964.

Ders., The Classics and Renaissance Thought, Cambridge, Mass., 1955.

K. Lasswitz, Giordano Bruno und die Atomistik, in: Vierteljahresschrift für wissenschaftliche Philosophie VIII, 1884, S. 18-55.

Titus Lucretius Carus, De rerum natura. Die Welt aus Atomen, lat. u. dt., übers. u. hrsg. von K. Büchner, Stuttgart 1986.

D. Mahnke, Unendliche Sphäre und Allmittelpunkt, Halle 1937.

J. Mailáth, Mnemonik oder Kunst das Gedächtnis nach Regeln zu stärken und dessen Kraft außerordentlich zu erhöhen, Wien 1842, darin: J.C. Aretin, Übersicht des Systems des Jordanus Brunus.

F. Medicus, Giordano Bruno als Ästhetiker, in: Logos. Internationale Zeitschrift für Philosophie der Kultur, Bd. V, H. 3, 1914/15, S. 239-251.

P.-H. Michel, La cosmologie de Giordano Bruno, Paris 1962.

J.Ch. Nelson, Renaissance Theory of Love. The Context of Giordano Bruno's Eroici Furori, Columbia 1958.
Heinrich Cornelius Agrippa von Nettesheim, De occulta philosophia. Drei Bücher über die Magie, Nördlingen 1986.
W. Neuser, Infinitas infinitatis et finitas finitatis. Zur Logik der Argumentation im Werk Giordano Brunos (1548-1600), in: Nicolaus Copernicus – Revolutionär wider Willen, hrsg. von G. Wolfschmidt, Stuttgart 1994.
Nikolaus von Kues, Mutmaßungen, übers. von J. Koch/W. Happ, in: Schriften des Nikolaus von Kues in deutscher Übersetzung, im Auftrag der Heidelberger Akademie der Wissenschaften hrsg. von E. Hoffmann u.a., H. 17, Hamburg 1971.
Ders., Philosophisch-Theologische Schriften, 3 Bde., hrsg. von L. Gabriel, übers. von W. u. D. Dupré, Wien 1989.
L. Olschki, Giordano Bruno, in: Deutsche Vierteljahresschrift für Literaturwissenschaft und Geistesgeschichte 2, 1924, S. 1-79.
Ders., Giordano Bruno, Bari 1927.
N. Ordine, La cabala dell' asino. Asinità e conoscenza in Giordano Bruno, Neapel 1987.
S. Otto, Renaissance und frühe Neuzeit. Geschichte der Philosophie in Text und Darstellung, Stuttgart 1986.
W. Saenger, Goethe und Giordano Bruno. Ein Beitrag zur Geschichte der Goethischen Weltanschauung (= Germanische Studien 91), Berlin 1930 (Nachdruck: Nendeln/Liechtenstein 1967).
E. von Samsonow, Giordano Bruno. Ausgewählt und vorgestellt von E. v. Samsonow, München 1995.
F.W.J. Schelling, Bruno oder Über das göttliche und natürliche Prinzip der Dinge. Ein Gespräch, Leipzig 1989.
H.-U. Schmidt, Zum Problem des Heros bei Giordano Bruno (=Abhandlungen zur Philosophie, Psychologie und Pädagogik, Bd. 51), Bonn 1968.
D. Waley Singer, Giordano Bruno. His Life and Thought, New York 1950.
V. Spampanato, Vita di Giordano Bruno con documenti editi e inediti, Messina 1921.
M. Stadler, Unendliche Schöpfung als Genesis von Bewußtsein. Überlegungen zur Geistphilosophie Giordano Brunos, in: Philosophisches Jahrbuch 93, 1986, S. 39-60.

R. Sturlese, Einleitung zu: Giordano Bruno, De umbris idearum, histor.-kritische Ausgabe, Florenz 1991.

J. Teichmann, Wandel des Weltbildes. Astronomie, Physik und Meßtechnik in der Kulturgeschichte, Reinbek 1985.

J. Teller (Hg.), Akten des Prozesses der Inquisition gegen Giordano Bruno, in: Giordano Bruno, Von der Ursache, dem Prinzip und dem Einen, übers. von P. Seliger/L. Kuhlenbeck, Berlin 1987.

C. Vasoli, La metafora nel linguaggio magico rinascimentale (= Lingua Nostra, Bd. 38), Florenz 1977.

H. Védrine, La conception de la nature chez Giordano Bruno, Paris 1967.

S. Wollgast, Philosophie in Deutschland zwischen Reformation und Aufklärung 1550-1650, 2. Aufl., Berlin 1988.

Ders., Vergessene und Verkannte. Zur Philosophie und Geistesentwicklung in Deutschland zwischen Reformation und Aufklärung, Berlin 1993.

F.A. Yates, Gedächtnis und Erinnern. Mnemonik von Aristoteles bis Shakespeare, Weinheim 1990.

Dies., Giordano Bruno and the Hermetic Tradition, Chicago/London/Toronto 1964.

Dies., Renaissance and Reform: The Italian Contribution. Collected Essays, Bd. II, London 1983.

Dies., The Art of Memory, London 1966.

P. Zambelli, Platone, Ficino, e la magia, in: Studia Humanitatis. Ernesto Grassi zum 70. Geburtstag, hrsg. von K. Hora, München 1973.

Zeittafel

1548 Geburt in Nola bei Neapel, Taufname Filippo.

1562 Aufnahme eines humanistischen Studiums (Logik, Dialektik) an der freien Universität Neapel.

1565 Am 15. Juni Eintritt in den Dominikanerorden San Domenico Maggiore in Neapel. Annahme des Vornamens Giordano.

1566-67 Konflikte mit der Ordensleitung aufgrund von Äußerungen Brunos gegen Marienkult und Heiligenverehrung. Häresieverdacht.

1568-69 Einladung nach Rom zu einer Audienz bei Papst Pius V., dem Bruno seine erste (verlorene) Schrift *L'arca di Noè* widmet.

1572 Priesterweihe. Aufnahme eines Studiums der Theologie in Neapel.

1575 Abschluß des Studiums mit einer Verteidigung der *Summa contra gentiles* des Thomas von Aquin und der *Sentenzen* des Petrus Lombardus.

1576 Häresieverdacht. Brunos Lektüre der verbotenen Scholien des Erasmus von Rotterdam zu den Werken des Hieronymos und des Johannes Chrysostomus wird entdeckt. Daneben macht sich Bruno durch seine kritisch-ablehnende Haltung zur Inkarnationslehre verdächtig. Flucht nach Rom. Bruch mit dem Orden. Fortsetzung der Flucht nach Noli. Bruno hält dort Privatvorlesungen.

1577 Reise über Noli, Savona, Turin, Venedig (Publikation der zweiten, ebenfalls verschollenen Schrift *De' segni de' tempi*), Padua, Brescia.

1578 Weiterreise über Mailand nach Genf.

1579 Aufenthalt in Genf. Immatrikulation an der Genfer Universität. Übertritt zum Calvinismus. Vorübergehende Inhaftierung und Verwicklung in Streitigkeiten wegen der Drucklegung einer (verlorenen) philosophischen Streitschrift. Abreise.

1579-81 Privatvorlesungen in Toulouse über Aristoteles' *De anima* und Johannes Sacroboscos *De sphaera*. Bruno erwirbt den Titel des Magister Artium. Die (verschollene) Schrift *Clavis magna* entsteht.

1581 Bruno geht nach Paris und hält Privatvorlesungen. Audienz bei König Heinrich III. von Frankreich.

1582 Schriften zur Gedächtniskunst erscheinen: *De umbris idearum*, *Ars memoria* (Heinrich III. gewidmet), *Cantus circaeus*, *De compendiosa architectura et complementi artis Lullii*. Außerdem erscheint die Komödie *Il candeleio*.

1583-86 Londonaufenthalt Brunos. An der Oxforder Universität sorgt Bruno als Vertreter des Kopernikanismus für einen Skandal. 1584 erscheinen die italienischen Dialoge *La cena de le ceneri*, *De la causa, principio et uno*, *De l'infinito, universo e mondi*, *Spaccio de la bestia trionfante*. 1585 erscheinen *Cabala del cavallo pegaseo con l'aggiunta dell' asino cillenico* und *De gli eroici furori*. Im November 1585 kehrt Bruno nach Paris zurück.

1585-86 Publikationen verschiedener Schriften, u.a. das Werk *Figuratio Aristotelici physici auditus*. Die öffentliche Verteidigung der Thesenschrift *Centum et viginti articuli de natura et mundo adversus peripateticos* am Collège de Cambrai führt zum Eklat. Bruno flieht nach Deutschland, erreicht über Mainz und Wiesbaden schließlich Marburg. Vergebliche Bemühung um eine Lehrerlaubnis an der Marburger Universität. Erneuter Ortswechsel und Einschreibung an der Universität Wittenberg im August 1586.

1587 *De lampade combinatoria lulliana* und *De progressu et lampade venatoria logicorum* erscheinen. Außerdem entstehen die Werke *Animadversiones circa lampadem lullianam* und *Lampas triginta statuarum* (1890/91 erstmals publiziert) sowie vermutlich der Aristoteles-Kommentar *Libri physicorum Aristotelis explanati* (Erstdruck 1891).

1588 Erweiterte Neufassung der Pariser Thesen in der antiaristotelischen naturphilosophischen Schrift *Camoeracensis Acrotismus*. Calvinistische Tendenzen verstärken sich an der Wittenberger Universität. Bruno hält die berühmte Abschiedsrede *Oratio valedictoria*. Abreise nach Prag. Bemühungen um Aufnahme am Hofe des Kaisers Rudolf II., dem die Schrift *Articuli centum et sexaginta adversus huius tempestatis mathematicos atque philosophos* zugeeignet ist. Abreise nach Helmstedt und Lehrtätigkeit an der Academia Iulia. Arbeit an den magischen Schriften *De magia*, *Theses de magia*, *De magia mathematica*, *De rerum principiis et elementiis et causis.*

1590 Abreise von Helmstedt nach Frankfurt. Neben der Tätigkeit als Schriftsetzer im renommierten Druckhaus P. Wechel bereitet Bruno die Drucklegung von *De triplici minimo et mensura*, *De monade, numero et figura* und *De immenso* vor.

1591 Kurzaufenthalt in Zürich. Privatvorlesungen. Die Vorlesungen werden von seinem Schüler Joseph Egli unter dem Titel *Summa terminorum metaphysicorum* zunächst 1595 und in ergänzter Fassung 1609 herausgegeben. Bruno kehrt nach Frankfurt zurück. Dort erscheint das Werk *De imaginum, signorum et idearum compositione.* Der Venezianer Giovanni Mocenigo lädt Bruno nach Venedig ein, um in der Gedächtniskunst unterrichtet zu werden. Bruno reist ab, hält in Padua Vorlesungen für deutsche Studenten. Sein Schüler Besler besorgt die schriftliche Niederlegung der *Lampas triginta statuarum* (1587) und der Schrift *De vinculis in genere* (1590). In dieser Zeit entstehen vermutlich außerdem die Schriften *Praelectiones geometricae* und *Ars deformationum.* Bruno bewirbt sich vergeblich um einen Lehrstuhl an der Universität zu Padua.

1592 Aufenthalt in Venedig. Bruno wohnt im Palast Giovanni Mocenigos. Ein Ersuchen um eine kurzfristige Rückreise nach Frankfurt zur Überwachung der Drucklegung der Frankfurter Trilogie gesteht ihm der einflußreiche Adelige nicht zu. Denunziation und Gefangennahme (Ketzereibezichtigung und Anklage) auf Initiative Mocenigos. Eröffnung eines Prozesses.

1593 Auslieferung nach Rom. Fortsetzung des Inquisitionsprozesses und Fortsetzung der Verhöre über die folgenden Jahre.

1600 Indizierung als Ketzer und Verurteilung zum Tod auf dem Scheiterhaufen. Am 17. Februar öffentliche Urteilsvollstrekkung auf dem Campo dei fiori in Rom.

Anne Eusterschulte, geb. 1964, studierte Kunst, Germanistik und Philosophie an der Universität Gesamthochschule Kassel. 1995 promovierte sie im Fach Philosophie mit einer Arbeit zur Rolle des Analogiebegriffs im Werk des Renaissancephilosophen Giordano Bruno. Von 1994 bis 1996 war sie als wissenschaftliche Mitarbeiterin an der Universität Kassel im Fachbereich 01/Fach Philosophie tätig. Seit 1992 arbeitet sie dort als Lehrbeauftragte im Bereich Philosophie. Sie ist Mitglied der Interdisziplinären Arbeitsgruppe Philosophische Grundlagenprobleme der Wissenschaften und der gesellschaftlichen Praxis (IAG Philosophie der Universität Kassel). Arbeitsschwerpunkte im Bereich Naturphilosophie der Renaissance und der frühen Neuzeit, Philosophie der Antike, ästhetische Theorie, Philosophie der Moderne.

Ebenfalls im Junius Verlag erschienen:

François Dosse
Geschichte des Strukturalismus
Band 1: Das Feld des Zeichens, 1945-1966
Aus dem Französischen von Stefan Barmann

Von Frankreich ausgehend, hat der Strukturalismus in den sechziger Jahren die geistes- und sozialwissenschaftlichen Fakultäten der europäischen Universitäten erorbert. Anthropologen und Soziologen, Psychologen und Psychoanalytiker ebenso wie Philosophen brachen mit ihren Traditionen; sie hofften, auf der Grundlage einer fachspezifischen Rezeption der strukturalistischen Sprachwissenschaften ein den Naturwissenschaften vergleichbares Instrumentarium zu gewinnen.

François Dosse verbindet die Kenntnis der breiten Werkbasis mit zahlreichen Gesprächen mit den Akteuren, die den gesellschaftlichen Hintergrund und das Klima an den Universitäten spürbar machen. In dieser wohl detailliertesten Auseinandersetzung mit dem Strukturalismus wird die ganze Vielfalt ähnlicher und doch widerstreitender Ansätze deutlich.

624 Seiten, Hardcover
ISBN 3-88506-266-6
Band 2 erscheint im Frühjahr 1997
ISBN für beide Bände zusammen: 3-88506-268-2

Ebenfalls im Junius Verlag erschienen:

Christine und Michael Hauskeller (Hg.)
»... was die Welt im Innersten zusammenhält«
34 Wege zur Philosophie

Der Weg zur Philosophie mag steinig und beschwerlich oder einfach zu bewältigen sein. Es gibt Schnellstraßen und Schleichwege, Umleitungen und Direktverbindungen. Die Motive, sich auf diese Reise zu begeben, sind höchst unterschiedlich.

Christine und Michael Hauskeller haben 34 Philosophen und Philosophinnen gefragt, wie sie zur Philosophie gekommen sind. Die Lektüre dieses Buches zeigt: Es gibt viele Wege zur Philosophie.

Mit Texten von:
Karl Albert, Hans Michael Baumgartner, Dieter Birnbacher, Gernot Böhme, Paul Feyerabend, Helmut Fleischer, Manfred Frank, Josef Früchtl, Hans Georg Gadamer, Detlef Horster, Vittorio Hösle, Wolfgang Kersting, Hans Krämer, Sybille Krämer, Hans Lenk, Hermann Lübbe, Matthias Lutz-Bachmann, Odo Marquard, Georg Meggle, Julian Nida-Rümelin, Annemarie Pieper, Otto Pöggeler, Ulrich Pothast, Thomas Rentsch, Heinrich Rombach, Hans Jörg Sandkühler, Martin Seel, Elisabeth Ströker, Albert Stüttgen, Bernhard H.F. Taureck, Ernst Topitsch, Gerhard Vollmer, Wolfgang Welsch und Jean-Claude Wolf.

232 Seiten, Broschur
ISBN 3-88506-264-X